100個 你一定要知道的歷史故事 III

文◎管家琪　繪圖◎蔡嘉驊

推薦序 III

歷史故事是「人」的故事

／林良（知名兒童文學作家）

《100個你一定要知道的歷史故事》，這個書名中的「你」，是對少年讀者說的。這個書名，說明了這是一本為少年讀者編寫的歷史讀物。同時，這也是幼獅公司為紀念中華民國一百年而安排的一份獻禮——在中華民國一百年，以一百個歷史故事來敘述中華民族的歷史。

歷史是「人」創造的，所以歷史故事其實也就是「人」的故事。各式各樣的人，包括帝王將相，包括民間各行各業的傑出人才，都可能是「創造歷史的人」。因此美國兒童作家「房龍」（Van Noon, 1882-1944），他把為少年讀者所寫的一本世界史叫作《人類的故事》。

幼獅公司的這本歷史讀物，講的是中華民族的歷史，所以也可以說是一本「中華民族的故事」。故事從上古的神話時代說起，由盤古開天、女媧造人，一直說到國父革命、民國成立。必須提到的是重要人物至少有好幾百個。時間這麼長，人物這麼多，這個故事應該怎麼寫才妥當？

幼獅公司邀請兒童文學作家管家琪來思考這個問題。管家琪提出了一個構想，就是為五千年的中華民族歷史「開菜單」。也就是在五千年的歷史中，想想哪一個事件是不能不說的，哪一個人物是不能不提的。擬好了滿滿一份菜單，然後才是「讀菜單」，補充一些遺漏的，刪去一些次要的。就是這樣增增刪刪，一再斟酌，完成了一份「有一百個歷史故事」的菜單定稿，然後再根據那菜單一個故事一個故事動筆寫。她確實很用心的實現了這個構想。

管家琪擅長寫童話，對於「寫故事」有豐富的經驗。在這本書裡，因為寫的是歷史故事，所以她寫人物的時候，特別著重「歲月」跟人的關係，不時的提到人物在事件中的年齡，使人物變得更加鮮活而令人感到親切。這是她的歷史故事的特色。管家琪的文筆，流暢活潑，最能避免嚴肅的歷史讀物難以避免的枯燥乏味，因此得以順利成為最為適合少年讀者閱讀的歷史讀物。

管家琪寫的童話和少年小說，往往不自覺的流露她的幽默感。在這本歷史故事裡，她常常在敘述中穿插風趣的按語。這些按語往往使少年讀者感到有趣而開心，完全忘了正在閱讀的是一本別人會認為是乏味的歷史讀物。

這一百個故事，每個故事大約二千字左右。讀得慢的少年讀者，十分鐘裡一定可以讀完。這種「用小故事敘說大歷史」的特色，一方面是希望能跟其他的長篇歷史讀物有所區隔，一方面也是為少年讀者閱讀的方便所作的特殊安排。

希望有機會讀到這本書的少年讀者，都能因為讀了這本書而成為一個「懂歷史的少年」。

推薦序 III

一部精采的故事歷史書

／陳正治（前台北市立教育大學中語系主任）

歷史是人類文明的結晶，也是國家、民族的根。沒有根的樹，枝葉不可能繁盛；沒有歷史的國家、民族，人民也不會有發展。唐太宗說：「以銅為鑑，可以正衣冠；以史為鑑，可以知興替；以人為鑑，可以知得失。」了解歷史，可以知道國家興亡的根源，並以為施政的參考；從歷史人物的起落和影響，可以讓我們「見賢思齊，見不賢而內自省」，有益於我們的做人處世。

中華民族有五千年歷史。對兒童來說，要了解這些浩瀚的歷史，正如所謂的「一部二十六史，不知從何說起」一樣，找不到入手的地方。如果有人以正確的史觀，精簡的取材，生動的文筆把它寫出來讓兒童閱讀，那真是造福無窮。但是做這工作，需要有膽識和功力的人。

管家琪女士就符合這條件。她是輔仁大學歷史系畢業，又當過記者，出版過近三百本書，有基本的史學和史識，更具有取材和書寫的功力。因此，由她來介紹五千年的歷史給小朋友，真是恰當的人選。

管家琪女士花了好長的時間寫了《100個你一定要知道的歷史故事》這部書。這部書由幼獅文化公司出版，共有三本。書裡以人物為主軸，從上古文明的前言介紹起，然後述說黃帝、堯、舜、禹、湯、文王、武王、周公，一直至國父孫中山先生的建國。上下五千年的歷史，就在這有趣的故事中，展現在兒童的面前。

這部書有許多特色：

● 取材精當：這部書精選了一百個小朋友最應該知道的歷史事件，從重要的歷史人物切入，按時間先後，從上古開始，寫到民國成立。小朋友在最短的時間內，可以獲得有系統、完整、全面的歷史知識。

● 內容豐富：這部書裡的內容，包含各朝代的興起和沒落，國君名臣的行事，指南針、紙張等器物的發明，科舉制度、變法的介紹，老子、孔子、王充等思想家的簡介，管仲、晏子等政治家的行宜，建安七子、田園詩人陶淵明、詩仙李白、詩聖杜甫的為人和作品特色，醫聖張仲景、書聖王羲之、畫聖顧愷之的故事，一字千金、紙上談兵、圖窮匕見、先發制人等成語典故的由來等等。內容真是豐富。

●文筆生動有趣：管家琪女士是一位有名的兒童文學作家。她以簡潔流暢的文筆，說故事的方式，娓娓的把五千年的歷史說出來。小朋友在生動、有趣的故事中，享受文學的薰陶，獲得歷史、文化的精髓，增長了見識和智慧。

把我國歷史，用淺顯、有趣的現代文字介紹給少年、兒童閱讀，這是一項極為神聖的工作。管家琪女士這位有膽識、有功力的人，完成了這件有益、有趣、宣揚文化的著作，真令人欣慰。在此，向她致敬，也高興兒童有這麼好的書籍可以閱讀。

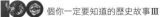

歷史是我們血液中的一部分

／管家琪

我一直很希望能夠編寫一套最基本的歷史常識性的書籍，特別是在當今台灣這樣的大環境之下，我很希望這套書能夠作為孩子們的一套課外補充教材。這次能夠有機會編寫這套《100個你一定要知道的歷史故事》，真的有一種一償宿願的感覺。能夠有這樣的機會，我覺得很幸運。而且，在整個讀書和寫作的過程中我經常都會覺得好過癮，因為這些歷史人物、這些歷史故事，實在是太精采了！希望小讀者們，能夠在閱讀的時候也感受到這種精采。

「100」個「菜單」都是我自己開的。重要的、有趣的、有意思的、有意義的歷史故事很多，我所列出來的都是最最基本的，有如是先打一個底子。如果能夠在這樣的基礎之上往上再加強，還有好多好多其實都是我們應該知道和應該更深入去了解的歷史故事。

人之所以愚昧，往往就是因為出於無知。我常常有一種感覺，現在我們所生活的明明是一個科學相當進步，資訊照說也應該算是相當發達的時代，可是我說真的，近年來我發現很多人（還不只是小朋友）無知的程度真的很讓人吃驚！為什麼會如此？我覺得就是因為文史方面的素養太差了，常識也太貧乏了。

從「開菜單」到實際上的編寫，我很重視「人物」和「時間」這兩個概念，而這兩個概念又會互相影響。

首先，所謂「歷史」，就是「已經發生的事」、「不可改變的事」，「歷史」這個詞在英文中叫作「History」，如果把這個字拆開來，就是「His」和「Story」兩個字，也就是「他」（當然實際上也包含「她」）和「故事」，就是「他（她）的故事」。是啊，其實每個人都有故事，我們是在什麼時代、什麼時候、什麼樣的情況下出生，隨著我們的成長，我們都會遭遇很多很多大大小小的事情，而每一個時代，都會有很多人物（不管是正面人物或反面人物），由於他（她）們的作為，不僅影響了自己的命運，甚至還左右了一個民族的命運，這麼一來，他（她）的故事，就是整個民族甚至整個人類的重要內容之一。

其次，我很重視時間。在敘述一個重要的歷史人物時，只要有「時間」的觀念，比方說，秦朝末年劉邦開始造反的時候已經四十七歲，諸葛亮出山的時候才二十六歲（真是不得了的青年才俊啊）、岳飛被害的時候才三十九歲……我很注意這些重要歷史人物在遭遇到人生重大事件的時候當時的年齡，我覺得這麼一來，這些歷史人物的感覺就會更鮮活。同時，我從上古開始一直寫到民國成立，也是按照時間敘述下來，每一個朝代維持了多久，也都會適當的提一提，我希望大家把這一百個故事從頭讀下來，就會有一種比較清楚的歷史感。

歷史絕不是死板的，歷史是我們血液中的一部分。尤其是當我們了解了過去的歷史之後，對於拓展我們的視野、加強我們對事情的判斷力，以及培養我們的人文素養都會很有幫助。

目錄 II

第67個

牛李黨爭

「牛李黨爭」又稱為「朋黨之爭」。「朋」在這裡就是「結黨」的意思。

「牛李黨爭」簡單來說，就是兩派政治集團，兩位為首的人物一位叫作牛僧儒，另一位叫作李德裕，所以叫作「牛黨」和「李黨」，從唐穆宗開始，歷經敬宗、文宗、武宗、宣宗等四個皇帝，這兩黨惡性競爭激烈纏鬥了將近四十年，直到宣宗以後，由於兩派的領袖人物相

繼去世，才終告平息。

本來，在唐朝末年，藩鎮割據已經促成政局動盪不安，而持續了這麼久的「牛李黨爭」更加重了朝廷的動亂，無形之中等於加速了唐朝的滅亡。

這兩派（主要是牛僧儒和李德裕兩個人）的恩怨到底是怎麼開始的呢？那還得追溯至西元八〇八年、憲宗在位的時候，出身不佳、但是已經考中進士的牛僧儒，參加了「直言極諫」科的考試，所謂「直言極諫」就是說要盡量誠懇、盡量真實的說一說朝廷有什麼做得不夠或是做得不好的地方，讓朝廷日後施政有所參考，既然這是考試要求，牛僧儒果真就放大了膽子批評了一番時政，由於言之有物，又擲地有聲，牛僧儒被錄取了，但是他的麻煩也馬上跟著來了。

宰相李吉甫認為牛僧儒的狂言，以及考官對牛僧儒的賞識，統統都是針對自己而來，於是跑去向憲宗哭訴，憲宗因此罷免了考官，牛僧儒的錄取資格也遭到取消，並且長期不得任用，從此牛僧儒就與李吉甫結下梁子，揭開「牛李黨爭」的序幕。

但是黨爭具體形成是在十三年後。那是在穆宗長慶元年（西元821年），李吉甫的兒子李德裕是翰林學士，由於對牛僧儒、李宗閔等人當年嚴詞批評時政，以至於讓父親李吉甫當時很下不了台的事仍然耿耿於懷，竟和元稹、李紳等人指控李宗閔等科舉舞弊，李宗閔等因此遭到貶官，「牛李黨爭」至此正式形成，「牛黨」成員多屬於像牛僧儒這樣是來自於民間百姓，主要成員有牛僧儒、李宗閔、李逢吉等，「李黨」則多屬於世家子弟，主要成員則有李德

裕、李紳、元稹等。從此這兩黨便展開無休無止的惡鬥。

其實，這兩黨的成員都不乏能人，但既然是惡鬥，自然就沒有是非曲直，沒有理性，可以說兩黨都是把打倒對方視為最高目標，竟然置國家利益於不顧，凡是對方贊成的，我方必然誓死反對！比方說，穆宗為了對付日益囂張的藩鎮勢力而起用裴度，裴度原本也是一個有能力的人，但是李黨官員卻處處阻撓，暗中破壞，導致河朔戰火不熄，從此朝廷再也無力收復河朔。而只要一黨某一個人得勢，必定一方面大力提拔自己的黨羽，另一方面則大力打壓政敵，這種情況根本是家常便飯。

到了文宗在位的時候，兩黨相爭達到了高潮。先是牛黨掌權，排擠李黨，然後是李黨執政，又排擠牛黨。後來，牛李兩黨同朝為相，那更不得了，他們總是互相攻擊，歪曲對方，動不動就吵來吵去，完全是意氣之爭。譬如，李德裕主張打擊藩鎮勢力，恢復中央集權，牛僧儒卻束手不管，姑息

養奸，當范陽（今河北省涿縣）發生叛亂的時候，牛僧儒竟然還說，這只是小事一樁，不足以威脅到大唐王朝的安危。每次上朝，面對這樣的局面，文宗總是被弄得不知所措，可又無可奈何，有一次甚至還大為感嘆道：「去河北賊（河朔）非難，去朝廷朋黨實難！」

意思就是說，藩鎮問題，地方割據，這些棘手的問題還不是最難處理的，最難處理的還是兩黨惡鬥啊！

武宗在位的時候是李黨得勢的鼎盛時期。李德裕一掌權，牛僧儒當然馬上就慘了，立刻被貶官。而為了報復之前所受到的一大堆窩囊氣，李德裕藉著手中所掌握的權勢，不斷的給牛黨羅織各式各樣的罪名，就連漢水猛漲使當地鬧災荒，他也可以把責任統統都推到牛僧儒的頭上，又誣告李宗閔和節度使串通，導致牛僧儒、李宗閔兩人在短短兩個月之內，竟被貶官三次。

宣宗即位以後，又輪到李德裕倒楣了，不但他本人遭到了罷免，李黨分子也幾乎全部遭到清除，牛黨則慢慢又受到重用，等到牛黨再度得勢以後，又對李黨展開瘋狂的報復，凡是李黨做的事，牛黨也來個全部作廢。最明顯的一個例子，當屬前朝武宗曾在李德裕的建議下實行過的毀佛運動，後來又統統都不算了。

其實，武宗時期的毀佛運動是有當時的背景。在唐朝中後期，信奉佛教的人數日益增多，由於寺廟可以免繳賦稅，僧尼也有免出賦役的特權，久而久之，寺廟的耕地日益擴大，僧尼的數量更是大量增加，幾乎每一所寺廟都是人滿為患，大大影響了政府的賦稅收入和社會的安寧。此外，按政府規定，想要出家為僧尼必須得到政府許可，由官府出具一張許可證，結果這又給一些糟糕的官員一個斂財的機會。於是，武宗便在會昌年間（西元841-846年）下詔禁斷佛教，大刀闊斧的在全國拆毀寺廟、焚經毀像，還下令多數僧尼還俗，不再讓那麼多的人當和尚尼姑了。這個事情，史稱「唐武宗滅佛」，對於佛教的傳播自然是一大挫折。

不過，就如前面所述，當武宗去世，宣宗一即位，牛黨再度把持了朝政大權，結果之前被拆毀的寺廟又統統得以重建，之前一大堆被迫還俗的和尚尼姑也又再度蜂擁至寺廟去接受剃度。

而李德裕在一貶再貶之後，於西元八四八年去世，從此李黨瓦解，「牛李黨爭」以牛黨的勝利告終，但是大唐王朝將近四十年以來被他們這樣反覆折騰，國力也在這樣的內耗中不斷流失。等宣宗辭世之後不到五十年，唐朝就滅亡了。

第68個
黃巢之亂

唐朝後期，由於朝政混亂，土地兼併問題嚴重，種種苛捐雜稅又很繁重，百姓們的生活負擔很重，民怨自然加深，整個社會已相當動盪不安，再加上從唐肅宗時期開始，實行食鹽專賣制度，嚴禁私鹽販賣，導致鹽價猛漲，又製造了新的社會問

題。由於許多百姓都買不起鹽，可是煮飯、炒菜實在少不了鹽，因此食鹽走私的事情愈來愈多，為了反抗官府的追捕，這些私鹽販子漸漸有了武裝，還和逃亡的農民聯合起來，成為唐朝末年反唐的重要力量。

到了僖宗初年（僖宗已是唐朝滅亡之前倒數第三個皇帝），河南和山東一帶連年遭遇天災，造成穀粒無收，嚴重缺乏糧食，很多百姓都是以草葉、樹皮充飢，而在這種情況之下，官府竟然還拚命向百姓搜刮，百姓們忍無可忍，終於發生了暴動。

西元八七五年，山東人王仙芝率先起義，自稱「天補平均大將軍」，起義軍很快就席捲了山東。同年，山東人黃巢率眾響應，兩支武裝力量匯聚到一起，從此黃巢在這場動亂中扮演著更重要的角色。

王仙芝和黃巢原本就認識，兩人原來也都是以販賣私鹽為生，在武力與官府對抗的過程中，早已累積了不少豐富的戰鬥經驗。尤其是黃巢，他們家兄弟一共八人，個個都有一身好武藝，黃巢排行第二，他是屬於文武雙全的人物，不但能騎善射，還很愛讀書。

黃巢最初也想透過參加科舉考試來出人頭地。為了應考，他來過長安，並且寫了那首相當有名的〈賦菊〉。

待到秋來九月八，我花開後百花殺。
沖天香陣透長安，滿城盡帶黃金甲。

秋天本來就是菊花盛開的季節，可是黃巢卻能把一首讚美菊花的詩寫得這麼殺氣騰騰，無怪乎後世一些史家都認為，黃巢在這個時候應該是已經有了要造反的念頭。

就在這一年，黃巢離開長安，返回家鄉以後，各地的反抗軍已經風起雲

湧，王仙芝已經聚集了一支幾千人的隊伍，於是，黃巢就在家鄉冤句（今山東荷澤西南）也舉兵，跟隨他的人也很快就達到兩千多人。

黃巢與王仙芝聯合起來以後，共同發布檄文，痛陳唐王朝的腐敗和罪惡，並且號召天下百姓共同起來反抗苛政。由於百姓們普遍早已對朝廷非常不滿，再加上這一年黃河流域又發大水，接著又是蝗災，在生活極度困難的情況下，前來加入舉兵的人就愈來愈多，很快的便發展到了幾萬人。

他們從山東不斷朝中原地區發展。朝廷見起義軍聲勢浩大，立即調集兵馬，詔令淮南等五個節度使來鎮壓義軍，並且想要用幾路人馬來圍攻起義軍。然而，由黃巢和王仙芝所領導的起義軍，戰術非常靈活，他們懂得巧妙避開朝廷主力，然後迅速占領朝廷無暇顧及的地方，在這樣「避實就虛」的流動戰術之下，起義軍不斷的轉戰於山東、河南和湖北等地，令各地的官吏都聞風喪膽，寢食難安。

既然起義軍這麼難對付，朝廷又使出第二招——「封官招降」。當然，這主要是針對王仙芝和黃巢兩個人，意思是說：好啦，你們別鬧啦，只要你們現在馬上投降，朝廷不但不會追究你們之前造反的舉動，還會讓你們做官。結果，這一招對王仙芝發生了作用，他動搖了。可是，黃巢卻不為所動，還嚴厲的斥責王仙芝，起義軍就此分裂。接著，黃巢率軍北上，王仙芝繼續轉戰湖北，但是翌年就戰敗被殺，部屬又紛紛跑去投奔黃巢，大家共同推舉黃巢為「黃王」，號「沖天大將軍」，還

建立了自己的政權，並且定年號為「王霸」。

接下來，黃巢率領著部隊自北南進，轉戰黃淮、江淮和江南數年，可以說轉戰了大半個中國，就在這樣不斷的征戰中，起義軍的人數不斷的增加。黃巢率領了十多萬起義軍渡過長江，不久就攻克廣州。在廣州，黃巢再次號召全國人民一起來推翻唐朝的統治。不久，西元八八一年，黃巢又揮軍北上，這一次，他終於把目標訂在長安。經過幾年來的經營和發展，渡過長江的起義軍竟高達六十

萬之多！

起義軍在渡過長江以後，攻占了東都洛陽，緊接著又突破潼關。唐僖宗在宦官首領田令孜的挾持下逃往四川。第二年，起義軍殺入長安，黃巢即位稱帝，建立「大齊」，年號「金統」，任命尚讓為宰相，朱溫等人為大將軍。此外，黃巢還沒收了所有官僚和富豪的財產，然後分給百姓。

起義軍在攻占長安以後，沒有乘勝追擊西逃的僖宗，以及其他藩鎮勢力，或許是一項失策，因為起義軍本來就是長期流動作戰，儘管攻克了洛陽等地，但是都沒有重兵設防，給了唐軍日後反攻的機會。

後來，朝廷號召各地節度使圍攻起義軍，又聯合沙陀族貴族李克用圍攻長安，黃巢率軍與各路唐軍英勇作戰，卻在這個緊要關頭，發生了兩件要命的事：先是大將軍朱溫竟然叛變投降唐軍，害得黃巢不得不撤出長安，緊接著宰相尚讓也臨陣投降，都給黃巢致命的一擊。西元八八四年，黃巢在「大齊」的皇位上只做了四年左右，就被圍困在狼虎谷，被迫自殺。長達十年的「黃巢之亂」就這樣結束了。

但是，自從起義軍攻入長安，黃巢登基，大唐王朝的皇帝逃命在外之後，朝廷失去了最後僅存的一點威望和號召力，地方割據勢力都乘機以協助鎮壓亂民作為藉口，競相擴張勢力，形成軍閥，並展開大規模的兼併。於是，原本就存在的藩鎮割據問題，經過「黃巢之亂」以後就轉變為軍閥混戰，唐朝至此名存實亡，僖宗之後的昭宗和哀帝，只不過是歷史進入「五代十國」前的一個過渡階段而已。

第69個 五代十國

朱溫，小名朱三，出身貧苦，從小遊手好閒，是一個無賴。「黃巢之亂」時，起義軍經過他家，他就參加了起義軍，後來逐漸受到黃巢的器重。但是在後來當唐軍猛烈向長安發動反攻時，他眼看情況不妙，馬上搖身一變，向朝廷投降。唐僖宗很高興，不但立刻封

朱溫做了宣武節度使，坐鎮大梁，還賞了他一個名字，叫作「全忠」，表彰他忠於朝廷，並且還命他領兵追擊起義軍。

在後來的軍閥混戰之中，中原逐漸形成了三股軍閥勢力，其中梁王朱溫的勢力最大，與他勢力相當的是晉王李克用，也就是河東節度使，第三個重要的勢力則是岐王李茂貞，為鳳翔節度使。

朱全忠還在鎮壓起義軍的時候，就已經很想除掉李克用。有一回，朱全忠與起義軍作戰，形勢危急，他就向李克用求救，李克用來了，也替朱全忠

解了圍。當天晚上，朱全忠大擺宴席，款待李克用，李克用滿心以為這是朱全忠感謝自己的救命之恩，沒想到朱全忠竟然趁他喝得酩酊大醉之際，派兵圍住了他所住的驛館，想要對他不利。幸虧李克用的部將一個個都很厲害，拚命搶救，總算讓李克用撿回一條命。李克用當然恨透了朱全忠，從此兩人就經常打來打去。

然而，交戰了一段時間之後，兩人的實力有了明顯的消長。朱全忠愈打勢力愈大，不但頻頻打敗李克用，也頻頻打敗其他軍閥，併吞他們的兵馬和地盤，漸漸成為一個占地最廣、軍隊也最強大的軍閥，李克用最後只能保住河東地區。

唐僖宗病死以後（得年僅二十六歲），他的弟弟李曄即位，這就是唐昭宗。昭宗即位之後，很想勵精圖治，希望能有一番作為，首先，他很想擺脫宦官的控制。唐朝後期，宦官大權在握，不僅引起大臣們的不滿，有時帝位

也會受到威脅，這個問題的存在已經不是一天兩天了，本來就不易解決，偏偏年輕的昭宗對於宦官的反擊軟弱無力，反而遭到宦官的軟禁。

朱全忠聽說皇帝被軟禁，同時宦官還打算要立一個新皇帝以後，覺得這是一個插手朝政的大好機會，馬上祕密聯絡宰相崔胤，說支持他消滅宦官，復立昭宗。有了朱全忠這番承諾，崔胤的膽子總算大了一點，果真發兵殺了宦官的頭目，讓昭宗復了位。

昭宗復位之後，第一件事就是想和崔胤一起聯手把所有的宦官統統殺光，可是，他們的動作太慢，宦官們已經先下手為強。這回，宦官們不是把昭宗軟禁，而是劫持著昭宗急急忙忙去投靠鳳翔節度使李茂貞。

崔胤眼睜睜的看著皇帝被劫走，當然是連忙向朱全忠求救。朱全忠慨然允諾，立刻發兵把鳳翔團團圍住，李茂貞無力抵抗，只得投降，交出昭宗。朱全忠帶著昭宗洋洋得意的回到長安，但是令很多人都沒有想到的是，一進長安，朱全忠不但把宦官統統殺光，也把宰相崔胤給殺了，從此朝中大權就落到他一個人的手上。

不久，朱全忠說要把京城從長安遷都到洛陽，昭宗不敢不從，可是到了洛陽沒多久，朱全忠又殺了昭宗，改立一個十三歲的孩子為傀儡皇帝，這就是唐朝最後一個皇帝唐哀帝。西元九〇七年，哀帝被迫「禪讓」給朱全忠，朱全忠正式即帝位，下令改國號為梁，歷經兩百九十年的大唐王朝至此正式宣告滅亡。

從這個時候開始，一直到西元九六〇年趙匡胤建立宋朝為止，前後一共五十四年，史稱「五代十國」。所謂「五代」，是指在黃河流域地區相繼建立的後梁、後唐、後晉、後漢、後周五個王朝，與此同時，在南方地區則出現了九個割據政權，分別是吳、南唐、吳越、前蜀、後蜀、閔、南漢、楚、南平，連同山西的北漢，被稱為「十國」。「五代十國」這段歷史基本上是唐朝末年藩鎮割據的延續。

李克用病死以後，其子李存勖繼位，發憤圖強，後來竟能指揮晉軍攻打朱全忠，並且還擊敗了後梁軍的主力。不久，朱全忠死了，是被發動政變的兒子給殺死的，李存勖於是趁著後梁內部統治不穩的時候，加緊動作，西元九二三年，李存勖先稱帝，建立後唐，隨即派兵南下，滅了後梁。後唐統一了華北地區，這也是五代十國時期中統治地域最大的一個王朝。

三年之後（西元926年），李存勖死於兵變，他的養子唐明宗繼位。唐明宗有一個女婿，叫作石敬瑭，是一個為了達到目的可以不擇手段的小人。石敬瑭想稱帝，但又沒有實力，於是竟以出賣國土為代價，借助契丹的力量滅了後唐。西元九三六年，四十五歲的石敬瑭接受契丹的冊封，認三十四歲的契丹皇帝耶律德光做父親，自稱「兒皇帝」，定國號為晉，建立後晉。

契丹族原是鮮卑族的一支，在北朝時期從鮮卑族中分離出來，自號契丹。就在唐朝末年，黃河流域軍閥混戰的時候，契丹迅速發展。西元九〇七年，當朱溫稱帝建立後梁的同一年，耶律阿保機被推為部落聯盟的首領，統一了契丹各部。又經過十年的發展，到了西元九一六年，耶律阿保機稱帝，建立契丹，並且創制了契丹文字，遼朝由此開始。耶律阿保機死後，由耶律德光繼位。

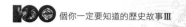

石敬瑭不僅把燕雲十六州割讓給契丹，還承諾以後每年都會向契丹貢帛三十萬匹。石敬瑭此舉的影響十分深遠，等於把北方險要之地拱手送給契丹，使得中原門戶大開，從此契丹便不斷南進擴張，甚至可以說決定了日後宋朝四百年的命運。

石敬瑭死後，後晉不肯再向契丹稱臣納貢，耶律德光大怒，便率軍向後晉發動攻擊，不久就攻下開封，後晉滅亡。西元九四七年，耶律德光在開封稱帝，定國號為大遼，打算長期待在中原，但是由於中原老百姓激烈反抗，不久便倉皇撤走。同年，劉知遠趁遼軍北撤的時候，突然引兵南下，自立為帝，建立後漢。

後漢皇帝濫殺功臣，大將郭威被迫起兵，結果又滅掉了後漢，建立了後周。後周是五代十國中北方最後一個政權。周太祖郭威，以及他的繼位者周世宗柴榮都還算是相當英明，實行了一系列的改革，周世宗還南征北戰，為以後北宋結束五代十國這種混亂的局面提供了一定的基礎。

此外，在五代十國這五十幾年的歷史中，相對於北方而言，南方的戰亂要少得多，再加上北方人口大量南遷，使得南方許多地區都穩定發展起來。也就是說，原本從唐朝後期開始，中國的經濟重心就已經開始向南方慢慢轉移，這個現象到了五代十國更獲得進一步的發展，同時文化重心也開始南移。

第70個

宋太祖趙匡胤杯酒釋兵權

趙匡胤（西元927-976年），是涿州（今河北涿縣）人。他出身於河南洛陽將門之家，從小就很喜歡閱讀兵書，也很喜歡習武，最拿手的是棍術，每當他舞起手中那根大棍的時候，總是虎虎生風，讓人無法靠近。

二十一歲那年，他投到郭威帳下，成為一名士兵，由於

武藝超群，人長得又很體面，很受郭威的器重。

郭威後來成了後漢的大將，掌握著軍權。當皇帝開始一一對付開國功臣的時候，西元九五一年，郭威為了自保，不得不導演了一齣戲。這齣戲在十年之後被趙匡胤「老戲新拍」。事情是這樣的，郭威首先謊稱契丹入侵，然後奉命率後漢大軍北征，並且在渡過黃河到達澶州的時候，將士們取出準備好的一件黃袍，披在郭威的身上，表示擁立郭威當皇帝，於是，郭威立刻率軍掉頭南行，回到後漢的京師開封，建立了後周。

郭威當了皇帝，趙匡胤也逐步升為滑州副指揮。

不久，郭威去世，他的養子柴榮即位，就是周世宗。周世宗是一個頗有作為的皇帝，一方面革新政治，一方面也果斷的南征北戰，抑制地方藩鎮。有一次，北漢勾結契丹大舉攻周，周世宗毫不畏戰，率軍親征，雙方在高平大戰，當戰況一度對後周軍隊不利的時候，趙匡胤（此時他是禁軍將領）拚死保護周世宗，令周世宗心生感念。高平大捷以後，趙匡胤就被提拔為禁軍高級將領。禁軍的最高統帥「殿前都點檢」一職（以今天的話來說，就是負責保衛皇帝軍隊的總司令）則由張永德擔任。在高平大戰中，張永德同樣也誓死保護周世宗。

做了禁軍的高級將領之後，趙匡胤負責整編禁衛軍，他精心挑選許多武藝出色的人，組成了一支精銳部隊，這支部隊很快就成了後周戰鬥力最強的隊伍，日後每次隨著周世宗南征北討，趙匡胤總能立下赫赫軍功，漸漸也成為周世宗極為倚重的一名猛將。

有一次，周世宗在征遼途中，有士兵撿到一塊木牌，上面寫著「點檢做天子」五個字，周世宗一看，馬上就對張永德起了猜忌的心。因為當時擔任殿前都點檢的正是張永德，張永德又是周太祖郭威的女婿。沒人知道這塊木牌到底是怎麼來的，張永德很快就被撤掉了殿前都點檢的職務。因為周世宗在看到那塊木牌之後，忽然警覺到張永德掌握著後周軍權，萬一哪天發動政變可不得了。撤掉了張永德之後，周世宗換上了趙匡胤。變成是趙匡胤掌握住軍權了。

周世宗有心一統天下，可惜英年早逝。在他死後，年僅七歲的兒子柴宗訓繼位。宰相范質是一個正直的好人，他只看到趙匡胤對部屬恩威並施，將士們都對他心悅誠服，還覺得趙匡胤是一個難得優秀的將領，完全沒有察覺出趙匡胤的野心早就迅速膨脹，更沒注意到趙匡胤早就悄悄的把禁軍中所有的重要職位都換上了自己的親朋好友。

當時，有一個年輕人看出了趙匡胤的野心，他就是韓通的兒子。韓通也是禁軍統帥之一，有勇無謀，不能讓士兵們心悅誠服，在軍隊中的影響力自然也沒有趙匡胤來得大。韓通的兒子曾勸父親應該盡早剷除趙匡胤，但是韓通就是不聽。

西元九六〇年，這一年，趙匡胤三十四歲。他在和弟弟趙匡義、謀臣趙普多次商量之後，精心排好了一齣戲。劇本和當年周太祖郭威所演出的那一齣簡直就是一模一樣。一開始，趙匡胤先讓人謊報軍情，說契丹又與北漢聯合入侵，宰相范質還沒調查清楚情報是否屬實，就慌忙派趙匡胤出兵禦敵。當趙匡胤來向韓通辭行的時候，韓通的兒子再次苦勸父親趕快殺掉趙匡胤，韓通還是不予理會。就這樣，趙匡胤順利的率軍出發，完全按「劇本」來進行。

當天晚上，他們駐紮在陳橋驛。晚飯後，趙匡胤假裝醉酒早早就寢。這也是劇本上安排好的，因為如果他不刻意避開，這齣戲就不好演。首先，是一個通曉天文的苗訓聲稱天上出現了兩個太陽，並且說正在上升的那個就是趙匡胤。一開始，大家都沒看出有兩個太陽，經過苗訓再三指點，將士們終於紛紛都看到了，正當大家都在為此異象驚呼不已的時候，趙匡義和趙普開始推波助瀾，重提「點檢做天子」的傳說，慫恿兵變。沒花太多的工夫，將士們就統統都同意要支持趙匡胤做皇帝。

第二天一早，趙匡義叫醒趙匡胤，一把他扶出來後，將士們馬上不由分說就把一件黃袍披在趙匡胤的身上（黃袍當然也是早就準備好的）。趙匡胤假裝很驚訝，再假裝推辭，可是最後他當然還是勉為其難的接受啦。這件事史稱「陳橋兵變」。

趙匡胤要求大家一定要聽他的指揮，不得鬧事，對後周皇族也要加以保護。然後他就率軍返回開封，在心腹石守信、王審琦的裡應外合之下，順利進城。後周皇室和朝臣全都束手無策，只有韓通企圖反抗，結果被殺。趙匡胤就這樣代周自立，登上皇位，建立了宋朝，史稱宋太祖。

宋太祖登基之後所做的第一件事，就是廢除掌管精銳部隊禁軍的殿前都點檢，這一個軍職從此不再設置。翌年春天，趁慕容延釗和韓令坤返京的時候，宋太祖罷免了他們的禁軍職務，將他們改任節度使。

接著，宋太祖打算也要解除石守信、高懷德、王審琦等人的兵權，不過，該如何解除呢？這些人都是趙匡胤的好友，多年來跟隨著他出生入死，他不想誅殺功臣，可是想到他們手上握有的兵權又著實令他放心不下。於是，同年秋天某一個晚上，宋太祖款宴這些將帥，在酒酣耳熱之際，跟他們大吐苦水，說很擔心萬一哪一天要是他們的士兵也為他們披

上黃袍、也要他們做皇帝，那可怎麼辦啊？

石守信等人一聽，醒悟到太祖在猜忌他們，都很害怕，都發著抖問太祖該怎麼辦？太祖便告訴他們，不如他們放棄兵權，到地方上去買良田、置美宅，天天飲酒作樂，享受人生。太祖還說，要跟他們結為兒女親家，君臣之間坦誠以對，無所猜忌。

第二天，石守信等人便紛紛上書稱病，要求解除軍職，交出兵權。這就是歷史上有名的「杯酒釋兵權」的故事，「釋」在這裡是「解除」的意思。

宋太祖自登基之後第四年（西元963年），便開始了統一全國的戰爭。他改變了周世宗過去的用兵方針，制訂了「先南後北」的統一方略，用了十三年的時間，統一了除北漢以外的所有地區，基本上恢復了完整的版圖。

結束戰亂，恢復統一，是宋太祖對歷史最大的功績，因為，這麼一來，社會生產活動才得以恢復，經濟活動也才能夠向前發展。不過，宋太祖一連串中央集權的軍政措施（最典型的例子當然就是「杯酒釋兵權」），雖然本意是想避免重蹈唐末藩鎮割據的覆轍，然而，過分加強皇權、削弱軍隊的結果，不僅造成政府官僚化，軍隊也毫無戰鬥力，最終直接導致北宋的積貧積弱，這大概也是宋太祖始料未及的吧。

第71個

澶淵之盟

後世史家在推崇趙匡胤統一天下的功績時，都不忘提及他的統一之道，一方面是靠武力，一方面也是靠攻心；也就是說，趙匡胤常常會用很多柔軟的政治手段來達到目的（譬如「杯酒釋兵權」），或是來鞏固武力攻克之後的戰果，使那些被他滅掉的王朝不至於有東山再起的念頭。

在處理燕雲十六州的問題上，趙匡胤也是如此。儘管他知道這一大片土地是一定要拿回來的，因為這是中原的天然屏障，直接關係著中原的安危，

但是在遼國實力強大的現實面前，趙匡胤也想過要用非武力的方式來設法要回燕雲十六州。比方說，他曾經積極儲存錢帛，想要贖回燕雲十六州，或是打算至少要先準備好一筆充足的軍事費用，再發動對遼的戰爭，總之，「兒皇帝」石敬瑭當初把這片土地送出去的時候痛快，後人想要再拿回來可就沒那麼容易。

趙匡胤在位僅十六年就過世了（享年僅四十九歲），在他過世之前，還有兩大軍事目標還沒來得及完成，一個是還沒來得及滅掉北漢（就是說在「十國」中，趙匡胤滅掉了九國，都在南方），另一個就是拿回燕雲十六州。

在他死後，小他十二歲的弟弟趙光義即位，史稱宋太宗（就是當初「陳橋兵變」時出力甚多的趙匡義，在哥哥當了皇帝之後，為了避諱「匡」這個字，以表示對皇帝的尊敬，因此改名）。宋太宗首先滅掉了北漢，緊接著就

親征伐遼，想要收復燕雲。一開始戰事是相當順利的，宋軍一直打到幽州，但是遼軍苦守的意志非常堅強，幽州久攻不下。就在宋軍拚命攻城的時候，遼軍的援軍及時趕到。宋太宗率軍與遼國援軍在高遼河展開激戰，遭到遼軍的夾擊而大敗，太宗身中兩箭，戰馬也沒了，只得坐著驢車逃走，既驚險又狼狽。

幾年以後，遼國的聖宗年幼，母后蕭太后專政，宋太宗研判此時遼國的統治力量不穩，正好是一個可乘之機，於是捲土重來，兵分三路北伐遼國。宋太宗原本制訂了一套相當穩妥的作戰計畫，沒想到東路軍沒有嚴格遵守，因為貪功冒進，結果牽一髮而動全身，打亂了宋太宗整個的布署，宋軍也因此再度大敗。不過也有另一種說法，認為宋太宗伐遼準備不足，完全是一種盲目的自信，而他親自擬定的陣圖，也嚴重束縛了前線將帥的手腳，因此才又吃了敗仗。

不管如何，兩次伐遼都以失敗告終以後，宋太宗對於處理與遼國的問題就日趨保守。他一共在位二十一年，後期便改攻為守，實際上已經是隨時準備和解的狀態。

為了防守，宋朝在河北沿邊的平原上廣修河渠和池塘，還廣植水稻和柳樹、榆樹，以此來阻擋遼軍的騎兵。如果遼軍來犯，朝廷也明令將領只准堅壁清野，不許主動出兵。即使是不得已出兵，也只許靠著城牆布陣，不許主動出擊。這些規定等於是把將士的手腳統統都綁了起來，久而久之，宋軍的作戰能力愈來愈差。而且這種只想守不想攻的思想可以說影響了

整個宋朝，不管是北宋或是後來的南宋，統治者都是只想偏安一隅，十分消極，從不主動進攻。

宋太宗因病去逝之後，由二十九歲的太子趙恆即位，就是宋真宗。宋真宗時期對遼國更是將「以和為貴」作為中心思想，結果遼軍見宋朝軟弱可欺，就不斷遣兵南下，給宋朝朝廷很大的威脅。幸好大將楊延昭等人奮起反抗，遼軍才沒有長驅直入。

真宗即位之後過了七年，西元一〇〇四年，遼國再次南侵，而且這一回真是來勢洶洶，遼聖宗及蕭太后親披甲冑，督軍三十萬，大規模南下，很快便深入宋境，直抵澶州北城，離宋朝的首都開封已經只有一河之隔了！

看到遼國大軍壓境，宋朝自然是朝野大驚，真宗本人也快嚇壞了。當時的朝臣多數都是膽小鬼，大臣王欽若建議遷都金陵（今江蘇南京），因為他是江南人，大臣陳堯叟建議遷都成都，因為他是四川人。其實，所謂「遷

都」就是逃走的意思，但居然還有堂堂副宰相級的中樞大臣連掩飾的工夫都免了，公然主張不戰而逃，可見當時大家的內心有多麼的恐懼！唯有前朝重臣、同時也是當朝宰相寇準，嚴厲痛批這些遷都、逃走之說，還宣布要是有人膽敢再說什麼遷都或逃走，馬上就先拉出去砍頭，才總算遏制了這些沒出息的言論。

從前宋太宗在位的時候，就對寇準非常欣賞，不止一次的說，自己能得到像寇準這樣的人才，就好像當年唐太宗得到魏徵一樣。宋真宗繼位之後，就提拔寇準做了宰相。

那麼，面對現在如此險惡的局勢，宰相的意見又是怎麼樣的呢？一問之下，真宗真是差一點沒昏倒！原來，寇準不僅主張應該勇敢抗戰，還強烈主張「御駕親征」！就是說，要皇帝親自上前線！寇準說，這麼一來，將士們一定會士氣大振，奮勇殺敵！

真宗雖然不夠勇敢，好歹還知道不能逃走，於是，就在寇準反覆要求和督促之下，猶豫了一個月之後，終於硬著頭皮踏上了親征之路。不過，才剛到韋河（今河南洑陽縣東南），真宗聽說遼軍陣容壯大，就不想渡河，想回開封了，寇準拚命勸阻，急著說：「陛下如果不過河，會使軍心不穩的，這樣我們就沒有辦法壓制住敵人的氣焰，要想取勝也就沒有把握了！」

這時，真宗仍然非常膽怯，隨行的大臣也沒有一個肯冒險上前線，寇準急得要命，幸好殿前指揮使高瓊也是主戰派，兩人一起拚命勸說，好說歹說，最後簡直就像哄小孩一樣，總算把真宗哄過了河。

真宗渡河之後，登上城樓，將士們看到皇帝來了，都激動得不得了，頻頻高呼：「萬歲！萬歲！萬歲！」，響聲震天，果真是士氣大振！在接下來的幾場戰鬥中，居然非常難得的大敗遼軍，遼軍則漸漸鬥志低迷，遂主動派人前來講和。

這樣的情勢明明是對宋軍有利，宰相寇準甚至還建議真宗一鼓作氣，乘勝追擊，一舉收復燕雲十六州，但是真宗每天提心吊膽，生怕自己回不了開封，聽說遼國想要講和，馬上急急忙忙就答應了，甚至還跟負責要去談判的使臣曹無用說：「只要他們要的錢帛不超過一百萬，你都可以答應。」

不過，曹無用一出來，寇準就神情嚴肅的威脅他：「如果你答應給他們的錢帛超過三十萬，回來以後我一定砍你的頭！」

經過幾次討價還價，曹無用在澶州與遼國簽訂合約，約定遼軍撤出宋朝國境，兩國約為兄弟，宋為兄，遼為弟（因為宋真宗比遼聖宗年長），從此

宋每年給遼銀十萬兩，絹二十萬匹。史稱「澶淵之盟」。

對宋朝來說，「澶淵之盟」是一個充滿屈辱與無理的合約（當時明明宋軍是占上風啊），真宗首開賠款的先例，成為宋朝財政的重負，不過，這個合約也結束了宋遼之間的戰爭，使邊境相對穩定，兩國從此保持了上百年的和平。

第72個
剛正不阿包青天

如果說「包拯」，你還不一定馬上就知道是誰的話，那麼，說「包青天」你就知道了。沒錯，「包青天」就是「包拯」，也有很多人習慣稱他為「包公」。包拯是在歷史上真實

存在過的一位人物，但感覺上他好像是虛構的，這都是因為近千年來以他的事蹟為題材的戲劇、小說、故事、評書、相聲等創作形式非常豐富，且歷久不衰，久而久之他就帶著濃厚的民間傳說色彩，有一點不像是真人了。至少我們現在所熟悉的關於他的造形，就是戲劇化的結果；他就算天生皮膚比較黝黑，可也絕對不可能黑成那樣。

包拯，字希仁，廬州合肥（今安徽合肥）人，生活的年代是在北宋真宗和仁宗兩朝。他出生於西元九九九年，去世於西元一〇六二年，享年六十三歲。安徽合肥包公的故居一直是一個知名的景點。

包拯能夠成為一位極具魅力的歷史人物，萬古流芳，主要是基於以下這幾個特質：他為人剛正不阿，正義感極強，有原則，不畏強權，能為小老百姓主持公道（最典型的故事當屬「陳世美」的故事，但這個故事其實是演義的，並不是真實的），他是中國古代的福爾摩斯兼柯南，擅長推理，又超級有效率，從辦案、查案到行刑採取一貫作業，審判完畢可以當場就把犯人給鍘了，教人看了好不痛快！還有，他非常廉潔。這些特質不管放在哪一個年代，都一定很能虜獲人心，更何況是在過去的封建社會！

儘管我們現在透過民間傳說、透過影視作品所看到的包拯有強烈的演義色彩，但都還是有所本（就是「有根據」）的演義，歷史上的包拯確實是百姓心目中一位難得的清官。百姓不僅稱呼他為「包青天」，還把他比喻成「黃河清」，因為黃河的水總是帶著大量的泥沙，終年呈現渾濁的現象，有人說這就好像在封建時代，貪贓枉法是官吏的本性一樣，可是包拯偏偏是「黃河清」，由這個比喻也就不難想見在百姓的心目中，包拯的人格有多麼的高尚。

他在二十八歲那年（西元1027年）中進士，仁宗時任監察御史，強調練兵選將，務實邊備，以禦契丹。後任天章閣待制、龍圖閣直學士，官至樞密副使。在開封府時，執法嚴明，不畏強權，廉潔奉公，稱譽朝野。所以在戲劇作品中，包拯開口總是自稱「本府」，就是因為他掌管過開封府的緣故。

包拯曾多次上書朝廷，要求正刑明典，清明吏治，王公貴族犯罪與庶民同罪。他不僅這樣呼籲，他還真的身體力行。比方說，當時的開封府內，不少達官貴人的子弟總是耀武揚威，眼裡根本就沒有王法，百姓都深以為苦。包拯一上任，執法嚴明，嚴懲了好幾個這些目無法紀的權貴子弟，令人眼睛一亮。

他不只是有勇氣對付這些權貴子弟，他完全就事論事，對付枉法的官吏和宦官，也毫不手軟。舉兩個例子，有一個名叫張方平的官吏，當時任三司使，廣置田產（以今天的話來說，大概就是「惡意炒作房地產」），百姓怨聲載道，包拯就針對張方平這種不當的行徑一再對他彈劾，最後張方平終於被免官罷職；此外，有好幾個宦官在開封府廣植「園榭（就是台上的房屋）」，侵占了惠民河（以今天的概念來說，就是私自在河邊蓋違章建築，而且還是室內陳設非常豪華、景觀非常好的「水景房」），導致惠民河經常淤塞不通，嚴重影響了百姓的生活，結果，包拯一心為民，儘管那些宦官是皇帝身邊的紅人，一般人根本不敢輕易得罪，但他硬是下令把那些在惠民河附近的園榭統統拆除。包拯做事的魄力，堅持公正執法的決心，確實是很令人佩服。

看看歷史上對包拯諸多事蹟的記載，其實也就不難想見為什麼關於他的演義故事會這麼多，因為他確實是一個很能為老百姓著想、所謂很能「體貼民情」的好官。比方說，解州（今山西運城）鹽法繁縟，由政府專賣，可是這不但沒有增加政府財政收入，反而還使大量的百姓無鹽可食。包拯親自去調查這個怪現象，最後改為政府統購統銷，鼓勵商販貿易，結果不僅徹底解決了問題，還達到了便民利國的奇效。在包拯的從政生涯中，像這樣的事例可說是不勝枚舉。

他的廉潔自持也是少有的。包拯公私分明，儘管做官，生活還是很樸素，無論穿衣、飲食或使用的器具，都與一般百姓沒有什麼太大的不同。他曾經做過端州（今廣東肇慶市）的地方官，端州特產端硯，端硯向來是上貢精品（就是要獻給皇帝的），以前端州歷任官吏往往都會趁上貢的時候，多徵收貢品所需數額的數十倍，然後，扣掉貢品，剩下來的就當作向當朝權貴行賄示好的禮物，但是包拯在端州的時候，卻始終嚴格按照貢品數額來徵收，絕不多徵，到他卸任的時候也沒有收藏過一個端硯。

包拯不僅自己潔身自好，同時也嚴格教育和要求自己的後代，常常告訴他們，後代子孫如果為官，一定要高度廉潔，如果犯了貪贓之罪，活著的時候就不得回家，死了以後也不能埋葬於祖墳之內。包拯還特別嚴厲的聲明，「不從我志者」，意思就是說不聽我話的，不能遵守我所遵守的原則的，就不能算是我的子孫！

或許好官難求，百姓對於一個好官的嚮往是超越時代性的，也因此正義凜然的包拯才能永遠活在百姓的心裡。

第73個

王安石變法

宋朝自宋太祖開始，就非常強調「忠孝」精神，有人說這是因為宋太祖自己的皇位來得不太光彩，總是小心提防有沒有什麼手握大權的臣子會想要篡位（就像他當年一樣），所以一方面他採取了很多防範措施，一方面也不斷的在精神上進行塑造，影響所及，他的子孫似乎也因此都只會奉行祖宗之法，成了唯唯諾諾之徒，毫無創新思想。

到了北宋中期，不但國力大為衰竭，社會矛盾也日益膨脹。就在這時，

英宗在位短短四年就病死了，十九歲的太子趙頊即位，史稱宋神宗，是北宋第六個皇帝。與前面幾位皇帝比較起來，血氣方剛的宋神宗明顯的要比較銳意進取，他急於尋找一個能夠幫他施展抱負的大臣。就在這樣的背景之下，一個地方官王安石（西元1021-1086年）脫穎而出。

王安石，字介甫，號半山，撫州臨川（今江西撫州）人。他出身官宦之家，自幼聰敏好學，早年就因文采出眾而頗負盛名，他所寫的文章，連名家歐陽脩都讚美不已。

二十二歲那年中了進士以後，王安石就出任地方官，在地方上一待就是十五年，這麼久的地方官經歷，使王安石深切認識到若想要改變國家積貧積弱的困局，一定要發展生產，而要發展生產就一定要先解決嚴重的土地兼併問題。

西元一〇五八年，三十七歲的王安石赴京做官，上了一篇長達萬言的

〈上仁宗皇帝言事書〉，主張變法。這封奏書受到了官僚士大夫一致的推崇。

就在上萬言書的十五年前（西元1043年），范仲淹被宋仁宗任命為參知政事，和富弼、歐陽修等提出了十項改革方案，然而僅實行了一年多便以失敗告終。儘管如此，「變法圖強」幾乎已成當時士大夫們的共識，這也就難怪當大家看到王安石的奏書時會這麼欣賞。

不過，這個時候仁宗已是暮年，已無意再進行什麼改革，所以對王安石的萬言書完全沒有反應。

五年之後，仁宗過世，英宗即位，然後又過了四年，英宗又病死了。可以說王安石在首次上了萬言書、大談改革之道之後，他足足等待了將近十年，施展抱負的機會終於來了。

宋神宗當初也讀過王安石上書仁宗的那封奏書，印象深刻，非常欣賞，因此，即位不久便把王安石召來，熱切誠懇的請教王安石治國之道，後來還命王安石把他種種寶貴的分析和意見寫下來，這就是〈本朝百年無事札子〉。神宗看後大喜，就在西元一〇六九年起用王安石為參知政事（即副相）。同年，中央設立制置三司條例司，作為創立新法的機構，並相繼制訂出一系列的新法，變法正式開始。這個時候，距神宗即位大約兩年。

宋神宗使用過兩個年號——「熙寧」和「元豐」，從西元一〇六九年開始變法以後，變法革新運動貫穿熙寧和元豐的十五年之間，所以又被稱為「熙豐變法」。

新法所涵蓋的層面很廣，大致可分為「富國」、「強兵」和「改革科舉制度」等三大部分，不過，財政經濟方面的改革是變法的核心和重點。主要措施包括了「均輸法（限制商人操縱物價，減輕人民負擔）」、「青苗法（限制高利貸，增加政府收入）」、「募役法（由過去的差役改為雇役，是中國役法史上劃時代的改革，大大解放了生產力）」、「交易法（控制市場，平抑物價）」、「方田均稅法（重新清丈土地，按等級核定稅額，防止偷稅漏稅）」等等。此外，王安石還以民兵制代替募兵制，減除冗兵，增強國防力量，並且在改革科舉制度的同時，也整頓教育體制，設立「武學」、「律學」、「醫學」等等。

王安石變法在「富國強兵」這個目標上，可以說是取得了顯著的成效，變法之後，政府的財政狀況大有改善，國家的軍事實力也有了明顯的提高。變法之後七年（西元1076年），神宗派兵前往反擊交趾（今越南北方，過去不斷在宋邊境進行劫掠），順利打敗交趾，從此交趾再也不敢侵擾宋境；變法之後八年（西元1077年），神宗派兵討伐西夏（「西夏」是在西元1038

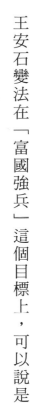

年、英宗在位時期正式成立的），取得了熙河之役的勝利，收復故地兩千里，這些都是北宋歷史上少有的勝利。

然而，由於變法涉及的層面太廣，阻力很大，遭到兩宮太皇太后、皇太后以及一些元老重臣譬如司馬光、文彥博等守舊派的強烈反對，神宗為了平息反對的聲音，竟不得不先後兩次將王安石罷相。不過，王安石下台後，神宗還是將部分新法堅持到底，其中又以改革官制與強化軍民保甲的制度列為改革的重心，史稱「神宗改制」，這是神宗做得比較好的地方；可是在抑制兼併這方面，神宗就不免虎頭蛇尾，主要原因是既想增加國家財政收入，又不想得罪上層階級、損及上層階級的利益，這麼一來，竟造成一個非常糟糕的結果——把國家財政負擔轉嫁到了下層人民的頭上！

西元一〇八一年，距離最初變法開始的十二年後，神宗再次派兵討伐西夏，結果西夏決黃河水將宋軍淹沒，並切斷宋軍糧道，造成宋軍慘敗，兩百多個將領陣亡，傷亡士兵及民夫高達二十多萬！消息傳到朝廷的時候，三十三歲的神宗臨朝大哭。從此，神宗就徹底失去了過去的雄心壯志，維持原來對西夏的和議，每年都向西夏繳納財物。

四年以後（西元1085年），深受西北邊境軍事失敗打擊的神宗一病不起，很快就過世了，得年僅三十七歲。翌年，王安石也死了。

神宗去世以後，十歲的小皇帝即位，就是哲宗，太皇太后高氏臨朝，起用司馬光執政，盡廢新法。等到過了八年，哲宗終於親政以後，雖然逐漸恢復新法，但是由於新舊黨爭，新法已經難以推動，北宋王朝就這樣逐漸走向了衰亡。

第74個

《資治通鑑》——司馬光一生的心血

在中國古代有兩位最偉大的史學家，他們生活的年代相距一千多年，巧得很，都姓「司馬」；一個是西漢的司馬遷，另一個就是北宋的司馬光。

司馬光（西元1019-1086年），字君實，陝州夏縣

（今山西夏縣）人。出身於官僚士大夫家庭，自幼就受到很好也很嚴格的家庭教育。天資聰穎，據說七歲讀《左傳》的時候，就已經能理解書中大意。二十歲就中了進士甲科，可說是少年得志，接下來的仕途也非常順遂。神宗即位的時候，拔擢司馬光為翰林學士，遷御史中丞，後來因為諫張方平不宜任參知政事，忤神宗（就是說跟神宗唱反調，惹神宗不高興），還任翰林兼侍讀學士。

熙寧二年（西元1069年），王安石為參知政事，實行變法。這個時候，司馬光五十歲，已有豐富的從政經驗，又是當朝重臣，堅決反對變法。其實，司馬光的年齡並不比王安石大多少，只比王安石大兩歲，但是當時司馬光卻被視為保守派的代表性人物，兩人多次在神宗面前激烈辯論。王安石認為造成國庫空虛的原因在於理財不當，所以應當採取一系列的措施，改革政治，才能扭轉局面，增加國庫收入；司馬光卻擔心變法太急的話，新法不但不能改變現狀，反而還會造成社會動盪，那就會得不償失，他主張採取比較穩妥的、循序漸進的方式，用一些切實可行的措施來彌補舊法的不足，並且加強用人得當這一點，使得朝廷有什麼政策都能有令必行。

在變法這個事情上，司馬光所以成為反對派，一方面是因為他的性格是屬於比較穩重的那一型，善於守成，但不善於創新，另一方面也是因為司馬光豐富的史學知識，從歷史經驗來看，變法圖強能夠取得巨大成功的例子確實不多。

經過反覆論戰，司馬光反對變法的態度始終沒有改變。但是，神宗是很想要變法圖強的，當然是站在王安石那一邊，於是任司馬光為樞密副使，要司馬光不要再發表反對意見，可是司馬光堅持不接受這個職務，自己申請要離開京城去外地做事。於是，翌年（西元1070年），司馬光就出知永興軍（今陝西西安）。又過了一年（西元1071年），改為權判西京御史台。此後，司馬光長達六年都任冗官，在洛陽住了十五年，集中精力從事《資治通鑑》的編纂工作。

神宗大力支持《資治通鑑》的編纂，事實上《資治通鑑》這個書名就是神宗所賜，取其「鑑於往事，有資於治道」的意思，就是說，從過去的歷史中尋找可以當作借鏡的事情，作為施政的參考。神宗不僅賜書名，還賜序，並贈以兩千四百卷的資料書籍，提供司馬光更為豐富的著書材料。

司馬光之前做過類似的事，就是想為帝王編寫一套既簡明又系統化的歷史教科書。早在仁宗嘉祐年間，他就編過一部自周威烈王二十三年至周世宗顯德六年的年表式著述《歷年圖》五卷。後來，他在這個基礎上，又仿《左傳》體裁，撰寫了一部上自三家分晉、下至秦二世三年的編年史《通志》八卷，呈獻給英宗。英宗對於司馬光的心血十分賞識，於治平三年（西元1066年）詔命司馬光設局於崇文院，編輯《歷代君臣事蹟》。

所以，雖然在變法這個事情上，司馬光沒有辦法說服神宗，但是至少他還是可以發揮所長，回頭繼續進行史書編纂的工作。（也就是說，在與王安石激辯是否應該變法之前，編纂《資治通鑑》的工作其實已經開始了。）

經過十九年的努力，《資治通鑑》終於完成了，這是一部上起戰國（西元前403年），下迄五代（西元959年），前後涵蓋了一千三百六十二年歷史，一共兩百九十四卷的編年史巨著（另外還有〈目錄〉三十卷，〈考異〉三十卷，這樣加起來一共就是三百五十四卷了）。不過，這套巨著並不是司馬光獨力完成，他還有三個得力助手，分別是劉恕、劉攽和范祖禹，三人都有相當扎實的史學功底。

在司馬光的主持下，三人分工合作，劉攽負責漢史長編，劉恕負責魏晉南北朝史長編，范祖禹負責唐史長編。

這套書的編寫大致分為三個重要步驟：第一步，把蒐集的史料按年月順序標明事目，剪黏排列起來，叫作「叢目」；第二步，把叢目中編排的史料進行初步整理，決定取捨，再進行文字上的加工，編成長編。如果同樣的一件事，有不同的說法，就還要加以考證，並注明取捨的理由；第三部，是由司馬光根據長編提供的材料，進一步考證所有史實的異同，去掉冗長的無關內容，並修改潤色，寫成定稿。司馬光整合的工作做得非常細緻且出色，《資治通鑑》成書共三百多萬字，可是無論體例或行文，讀起來就像是出自一個人之手。

在編纂《資治通鑑》的這十九年之間，司馬光常常是沒日沒夜、廢寢忘食的工作，可是，人畢竟不是機器，總需要休息，對司馬光來說，休息都像是浪費，占用了他寶貴的工作時間，因此，為了盡可能縮短休息時間，司馬光特地準備了一塊方木來當作枕頭，這種枕頭，腦袋放在上面，硬邦邦的，很不舒服，而且只要一翻身，幾乎立刻就會醒，然後司馬光就會趕快再起身

工作。

完成《資治通鑑》的時候，司馬光已經是一個六十六歲的老人了。他在上書表中說：「臣之精力，盡於此書。」意思就是說，我所有的精力（同時還有智慧、學問、心血……），全部都傾注在這套書裡頭了。

這句話並不誇張，因為，在《資治通鑑》完成兩年左右，司馬光就病故了。

第75個
藝術全才蘇東坡

蘇軾（西元1037-1101年），字子瞻，眉州眉山（今四川眉山）人，與父親蘇洵、弟弟蘇轍並稱「三蘇」。蘇軾為後世留下了兩千七百多首詩，三百多首詞，以及豐富的散文作品。他的創作量驚人，作品數量之多，屬北宋作家之冠，事實上他也確實代表了北宋文學的最高成就。

蘇軾在二十歲那年（仁宗在位期間）就中了進士。當時的文壇領袖歐陽脩，看了他的文章以後，非常欣賞，連聲說：「他日文章必獨步天下。」

意思就是說，歐陽脩認為放眼天下，很快就會找不到文章能夠寫得比蘇軾還要好的人了！當時，蘇軾只不過是一個年輕人，居然能得到歐陽脩這麼高的推崇，頓時自然是聲名大噪。（歐陽脩的胸襟也很令人欽佩啊，一點也沒有「文人相輕」、「文章總是自己的好」的那種窮酸氣！）

神宗在位期間，蘇軾曾任祠部員外郎，知（就是「管理」的意思）密州、徐州、湖州。在蘇軾三十二歲那年，王安石變法，在變法派與守舊派針鋒相對、劍拔弩張的時候，他也被捲入其中。只是，蘇軾的思想既不屬於變法革新派（因為他看到推行新法必然會帶來很大的衝突），但他也不屬於守舊派（他也認為墨守成規已不符合時代的需要，是應該有所革新），這種夾在兩派之間其實是最不討好的，因為兩派都不喜歡他，不管哪一派占上風，他都要倒楣。但是，蘇軾個性直率，又很有氣節，不願意隨波逐流，就算明知「中間派」很難有生存的空間，還是堅持講自己的真心話，並不想投機性的「選邊站」。

在新法剛剛推行的時候，蘇軾就因反對新法，寫詩加以嘲諷，結果被彈劾入獄，這就是文學史上有名的「烏台詩案」。蘇軾在獄中待了三個多月，飽受折磨，差一點就送了命。

出獄以後，他被貶到黃州（今湖北黃岡）任職。在這裡，其實他只是空有一個官銜，實際上非常窮困，還得親自下地耕種以餬口。但是，儘管這樣，蘇軾也沒有愁眉苦臉，仍然在東邊山坡上的茅屋裡自得其樂，還自號「東坡居士」，所以後世也總喜歡親切的稱呼他為「蘇東坡」。

蘇軾的仕途可以說是相當不順利。神宗過世，哲宗時代，蘇軾雖然有機會任翰林學士，先後知杭州、穎州，官至禮部尚書，但是後來又被貶謫惠州、儋州。暮年由南方回到北方，最後病死在常州。綜觀他一生的仕途，就是一直這麼反覆折騰，每次被貶還都是被貶到災禍連年的窮鄉僻壤，但是蘇

軾一方面由於本身的性格十分瀟灑豁達，一方面也受到父親蘇洵信仰佛老思想的薰陶，總是很能夠隨遇而安，現實環境的困厄與否絲毫不影響他的才氣，這些特質也正是成就他詩文的豪放風格以及浪漫主義精神的主要原因。

比方說，當他在黃州的時候，他寫下「大江東去，浪淘盡，千古風流人物」；在杭州時，他又寫下「欲把西湖比西子，淡妝濃抹總相宜」。

儘管蘇軾的一生大起大落，但他總是能夠以優游自得的心態來面對一切，儘管一直輾轉為官，但是不管到哪裡，他都能夠把個人的挫折放在一邊，盡心盡力為百姓謀福利。

比方說，當他被貶到杭州的時候，當時的西湖湖水之中還雜草叢生，又髒又亂，根本無法通航，蘇軾在經過考察、籌畫之後，親自帶領著百姓清淤除草，修築了一條長三十多里的大堤，這就是目前還看得到的「蘇公堤」。

又如當他在徐州任知縣時，黃河自曹村一帶決口，梁山泊和南清河洪水漫

溢，水勢凶猛，徐州城飽受威脅，蘇軾帶領百姓齊心協力與洪水搏鬥了七十多天，想盡辦法，最後終於保全了徐州城。不管在哪裡，蘇軾的政績都是受到百姓肯定的。後來當蘇軾在常州病死的時候，百姓都難過得傷心哭泣，以至於滿街都是哭聲。

不過，蘇軾一生最輝煌的成就當然還是在文學藝術上。他是歷史上一位極為難得的全才作家，無論是詩、詞、散文、繪畫、書法、音樂全部都是出類拔萃。

首先，我們看看他的詞。我們現在說「唐詩宋詞」，似乎「詩」是唐朝文學中一個代表性的文類，而「詞」則是宋朝文學的代表性文類，可實際上「詞」這樣的文類是在蘇軾的手上才有了驚人的提升。過去，「詞」這種文學形式只是寫男歡女愛，或是傷離送別，題材很狹窄，甚至在很多人的眼裡還都覺得不太入流。從北宋文學家歐陽脩、柳永、范仲淹等人開始嘗試對詞的創作進行改革，擴大表現生活的內容，直到蘇軾，詞才開始詩化、散文化，凡是詩與散文所寫的內容，詞一樣可以寫，凡是詩與散文運用的創作技巧，詞同樣可以適用。這麼一來，詞的題材獲得了空前的拓展，形式也得以呈現驚人的多樣性。譬如蘇軾的代表作〈水調歌頭·明月幾時有〉、〈念奴嬌·大江東去〉，把抒情寫景以及議論融合得這麼自然巧妙，這種寫法在過去的詞作中是從來不曾出現過的。

此外，在蘇軾的文學作品中，比例最大的還是詩，「揮灑自如、自然奔放」是他詩作最大的特點。散文方面，蘇軾是「唐宋八大家」之一。北宋初年，原本散文風格是繼承了唐末五代以來那種內容空洞、崇尚艱澀俗豔的風格，但到了歐陽脩，掀起一場聲勢浩大的古文革新運動，倡導韓愈「文以載道」的理論，強調文章的內容重於形式。在這一場文學革新運動中，表現最出色的就是蘇軾。他的散文，比唐代散文更能說理、敘事和抒情，因此蘇軾的散文作品也廣泛受到當時以及後世散文家學習和效法。

當然，我們也不能忽略蘇軾在書畫方面的成就。由於他的詩、詞和散文的成績太過耀眼，以至於很多人都忽略了他書畫的表現，其實蘇軾的書畫也是一流的。他擅長畫墨竹，是「文湖州竹派」的重要人物；他的書法，與蔡襄、米芾、黃庭堅並稱為「宋代四大家」。

像蘇軾如此全面發展的文學家、藝術家，確實是不可多得的啊。

第76個

靖康之難

西元一一〇〇年，宋哲宗暴病而亡，得年僅二十五歲。由於哲宗無子，皇位便由他一個同父異母的弟弟繼承，這就是宋徽宗。宋徽宗從小就對書法、繪畫、收藏、騎射、蹴鞠（就是中國古代的「足球」）、園藝、飼養寵物等等都很有興趣，他在書畫方面也確實很有天賦，但就是不愛學習儒家的經典和史籍，對於該如何治國也不願花什麼太大的心思。

宋徽宗在位二十五年，生活靡爛的程度在歷代皇帝中是少有的，但是他一度運氣還不錯，童貫帶兵討伐西夏，竟然取得了勝利，逼得西夏低聲下氣的奉表謝罪。自從與西夏交兵以來，宋軍還從未取得過如此了不起的戰果，宋徽宗在洋洋得意之餘，又打起遼國的主意，想要收回燕雲十六州。遼國這時雖然已經相當衰落，不過，如果是單靠宋軍自己的力量還是沒有把握，於是，宋徽宗就派出使臣出使金朝，密謀要聯合金朝一起來對付遼國。

金朝本是居住在東北地區的女真族，在十一世紀的時候逐漸強大起來，其中的「完顏部」逐漸統一了女真各部。最初女真是受到遼國的控制，每年都還要向遼國進獻納貢，直到後來女真族出現了一個傑出的首領，就是完顏阿骨打（也就是金太祖），他起兵抗遼，取得很大的勝利，遼國也因此逐漸沒落。此番宋朝邀他一起滅遼，並承諾將來要把原先給遼的歲幣轉交給金朝，宋朝只想收回燕雲，金太祖同意了，就和宋朝約定好要南北夾攻遼國。

戰爭開始以後，金軍勢如破竹，攻入長城，占領了遼國很多重要的軍事要地，但是宋軍卻連吃敗仗。金太祖攻占燕京之後，對於宋軍這麼不經打非常火大，責備宋朝根本就沒有認真備戰，因此不願按照先前的約定把燕雲十六州給宋朝。幾經交涉，金朝要求宋朝拿出三十萬匹絹、二十萬兩銀和燕京代稅錢一百萬貫，才能贖回燕京及六州。不僅如此，後來金軍在撤退的時候，還把燕京城內的財物、人口洗劫一空，宋朝拿到的其實只是七座空城。

西元一一二三年，金太祖在從燕京回師的途中病死了。這個時候，遼國其實眼看就要被攻滅了，所以，金太祖的弟弟完顏晟一繼位（就是金太宗），馬上接手滅遼的任務。兩年後，任務達成，遼國被金所滅。

不過，光是滅掉遼國，金太宗並不滿意，因為他早已看出宋朝的腐敗無能，於是就在滅遼的同年冬天，以十幾萬的兵力，分東西兩路南下。東路軍很快就渡過黃河，直逼汴京（今河南開封）。宋徽宗嚇得魂兒都沒啦，這可怎麼辦呢？宋徽宗做了一個非常不負責任的決定——馬上把皇位傳給兒子！把自己升任為太上皇，這麼一來，所有讓人頭疼的事就統統讓兒子去應付吧！

這個兒子就是宋欽宗，他就這樣糊里糊塗的由太子提早當上了皇帝，這一年，他才二十五歲。

欽宗即位以後，每天接見群臣，批閱奏報，常常忙到三更半夜也不休息，其實是相當認真的，但他經驗不足，性格又比較優柔寡斷，缺乏魄力，想戰嘛，沒膽量；想和吧，又怕遭人唾罵；想逃吧，更怕像當年唐玄宗那樣威信盡失。年輕的欽宗並不想當亡國之君，如果是在太平盛世，他或許不會是太糟糕的皇帝，但是面對這種非常時刻，他完全沒有能力來處理，即使有心想要力挽狂瀾也無能為力。

很快的，冬天過去，到了西元一一二六年，欽宗剛剛確定自己的年號為

「靖康」的第二天，離京城汴京不遠的睿州失守，金兵渡過了黃河。消息一傳到京城，大家自然是大為恐慌，當天夜裡，太上皇和一些王宮大臣就逃出了汴京，一路南下。

欽宗總算還有點擔當，沒有跟著爸爸徽宗一起逃走。這時，許多大臣紛紛力勸欽宗南遷（其實就是一種比較體面的逃走），只有大臣李綱堅持守城，最後欽宗硬著頭皮留在汴京，並且命李綱負責守城。李綱與汴京軍民齊心協力，同仇敵愾，多次挫敗金兵的進攻。

其實，這個時候攻城的金軍只有六萬多人，在人數上本來就沒有宋朝守城的士兵多，見汴京沒有辦法輕易攻下，各地前來勤王的宋軍又愈來愈多，不免開始有些害怕。不過，金軍想不到的是，欽宗比他們還要怕！汴京保衛戰才剛剛開始，金軍根本還沒有占到什麼便宜，欽宗居然已經迫不及待的派人去求和了！

為了求和，欽宗甚至還莫名其妙的把兩位主戰派的大臣李綱和种師道免職，不過此舉立刻遭到以陳東為首的太學生們和群眾的強烈反對，欽宗不得已，只好又重新起用兩人，兩人復職後，率領汴京軍民奮勇殺敵，逼得金軍只得暫時退兵。

金軍撤走以後，欽宗以為從此天下太平，竟然又把李綱等主戰派撤職。太上皇也回來了，繼續過著奢侈腐敗的生活。然

而，已經決心要滅掉宋朝的金太宗當然不會甘心，半年以後，也就是西元一一二六年秋天，金軍再度南下，來勢洶洶，火速將汴京包圍起來，這一次，欽宗根本連抵抗的信念都沒有，一心只想求和。

欽宗甚至親自去金營求和，向金遞交降表（就是投降書），結果遭到扣留。不久，金宣布廢掉徽宗和欽宗，又立宋朝主和派的張邦昌為傀儡皇帝，國號「大楚」。西元一一二七年春天，金軍北返，虜走了宋徽宗和宋欽宗，以及后妃、宗室、大臣等三千餘人，還將所有珍貴的金銀絹帛、奇珍異寶，甚至是朝廷寶璽等等搬個精光。史稱「靖康之難」或「靖康之恥」。

北宋就此滅亡。宋欽宗終究還是成了北宋最後一個皇帝。後來，宋徽宗和宋欽宗父子倆都陸續死在金朝。

第77個 赤膽岳飛精忠報國

西元一一二七年，維持了一百六十七年的北宋被金所滅，同年，宋徽宗第九個兒子趙構在應天府稱帝即位，史稱宋高宗，南宋開始。（後來南宋維持了一百五十二年。）

宋高宗趙構之所以能讓人記住，不是因為他是南宋的開國皇帝，而是因為他指使秦檜害死了抗金名將岳飛。

當金軍圍困北宋汴京的時候，秦檜（西元1090-1155年）當時是竭力主

戰，反對議和的。不久，汴京失守，徽宗和欽宗被虜走，金人另立偽政權，秦檜還以御史中丞之職領銜去向金人抗議，結果遭到金人羈押，此舉一度為他贏來了不錯的名聲。不料，沒過多久，秦檜就徹底變了，居然成為金太宗的親信。

「靖康之難」以後，金軍繼續南下，企圖要一舉消滅宋高宗的南宋政權，統一全國。但是南宋軍民反抗激烈，金太宗想要滅掉南宋的計畫始終無法得逞。西元一一三〇年，金軍征伐南宋又告失敗，這是宋金戰爭史上的一個轉捩點，因為金軍內部已經有了厭戰情緒，金太宗不得不讓金軍先行北返，但是他故意放回了秦檜，讓秦檜做他的內應，想要破壞南宋的抗金力量。

宋高宗其實本來就有私心，他為了保有自己的皇位以及自己的小朝廷，寧可丟失中原，根本不願意徽宗和欽宗回來，所以他從登基開始就是一個徹底的投降派，這麼一來自然就跟秦檜臭味相投，一拍即合。秦檜在紹興年間兩度任相，長達十九年之久，力主投降議和，甚至還提出「南人歸南，北人歸北」這樣的口號來討好金人，以至於遺臭萬年，落得一個千古罵名，但是我們在痛罵秦檜的同時，不應該忘記其實宋高宗才是掌握實權的人。

南宋的文臣武將許多都是從北方南下，渴望收復故土的心情都非常熱切，因此自然是都非常反對秦檜的主張，在當時的戰場上，也依然有不少抗金英雄相當活躍，其中最具代表性的一位就是岳飛。

岳飛（西元1103-1142年），字鵬舉，相州湯陰縣（今河南湯陰）人。岳家祖輩務農，岳飛在少年時期一方面勤勞耕業，一方面也努力讀書，同時還學習武藝，他特別善射，長槍也使得很好，力氣還超大，能夠挽硬弓三百斤。北宋末年，遼人南侵，北方人民經常遭到遼兵鐵蹄的蹂躪，少年岳飛年紀雖小，愛國心卻一點也不輸給成年人，從那個時候開始，他就非常的痛恨

胡人，立志從軍。

西元一一二二年，十九歲的岳飛從軍，被任命為小隊長，稍後便參加了征遼的戰爭。然而，沒過多久，因為父親去世，必須回鄉奔喪守孝，不得不暫時離開戰場。

西元一一二六年，也就是靖康元年，岳飛再次從軍。臨行前，母親姚氏在他的背上刺下「精忠報國」四個大字，這也成為岳飛一生堅定的信念。

岳飛的勇敢是少有的。再次從軍之後不久，他奉命去收編一支流寇，流寇一共有三百八十個人，岳飛帶多少人去收編呢？包括他自己在內只有區區五個人！他選定一個黑夜，帶領四個騎兵，出奇不意的直闖流寇首領的營房，就這樣輕而易舉的收編了這支軍隊（所謂「擒賊先擒王」啊），這就是日後「岳家軍」的基本班底。

岳飛經常以少勝多。有一次，他率領僅僅一百名騎兵在滑州（今河南滑縣）黃河岸邊練習，突然碰到大批金軍剛好準備進犯，岳飛非常鎮定，一點也不害怕，他告訴部眾，我兵雖少，敵兵雖眾，但是敵方現在還不知道我方虛實，只要我們趁他們還沒搞清楚狀況的時候趕快動手，就一定能取勝！說完，他就轉頭率先衝了過去，而且馬上就迎頭刺死金軍陣營中一名大將，金人大驚，岳飛的部眾看老大這麼勇敢，說打就打，毫不遲疑，都受到很大的激勵和鼓舞，馬上也奮勇爭先的衝了上去，結果大敗金軍。

岳飛一生在前後長達二十年的抗金戰爭中，真正是身經百戰，精確的說，應該是一共參與了一百二十六場戰役，沒有吃過一次敗仗！這是多麼傲人又多麼驚人的戰績！難怪金人會說：「撼山易，撼岳家軍難！」（意思就是說，要搖動一座山，可能都還比要打敗岳家軍要來得容易一些，可見岳家軍之勇猛）岳飛是名符其實的「常勝將軍」，史稱岳飛文武雙全，既勇敢，武藝又高強，還很有謀略，不僅是一名武將，還是一個出色的軍事家。

西元一一四一年（紹興十一年），宋高宗和秦檜與金人達成了和議，宋朝向金稱臣，宋朝世代子孫都要謹守臣節；宋金兩國劃定邊界，東以淮水、西以大散關為界，淮水以北的地區劃歸金朝；宋朝割唐、鄧二州全部，及商、秦二州大半給金朝；宋每年向金進貢銀二十五萬兩、絹二十五萬匹。為了達成這個一面倒的和議，宋高宗和秦檜竟然還把岳飛的勝利當成了籌碼！就在訂立和議的前一年，金人再度南侵，岳飛奉命馳援告急的宋軍，他命部將率輕騎偷渡黃河襲擾金人後方，自己則率主力直趨中原，連克偃城、穎昌、陳州、鄭州、洛陽等地，一路勢如破竹，金軍節節敗退。特別是岳飛在偃城大破金軍精騎「拐子馬」，又在朱仙鎮大破金兵主力，更是讓金人聞風喪膽。

可是就在這樣宋軍士氣高昂，捷報頻傳的時候，宋高宗竟然去向金求和！而且在一天之日，連發十二道金牌硬是把岳飛召回來，而且還命韓世

忠、張俊等諸將領撤退，置岳飛處於孤軍奮戰的境地。岳飛在不得已必須班師回朝的時候，仰天長嘆道：「十年之功，毀於一旦！」

這次的班師，不僅使岳飛「精忠報國」的理想幻滅，也使他和兒子岳雲慘遭厄運。由於金人恨透了岳飛，便以殺害岳飛作為和議的條件。紹興十一年十二月二十五日，秦檜誣陷岳飛、岳雲父子謀反，並以「莫須有」（就是「也許有」）的罪名殺害了他們。岳飛死時三十九歲，兒子岳雲年僅二十三歲。

近千年以來，岳飛一直被視為偉大的民族英雄。時隔這麼久，我們現在讀他的〈滿江紅〉，讀到「怒髮衝冠，憑欄處，瀟瀟雨歇。抬望眼，仰天長嘯，壯懷激烈。三十功名塵與土，八千里路雲和月……」，還是很能感受到他的滿腔激情與一片赤膽忠心。

第78個

留取丹心照汗青——文天祥

就在南宋朝臣只想偏安，並且只會不斷爭權奪利的時候，北方的蒙古族已日漸強大起來。強大到什麼地步呢？就連讓南宋吃盡苦頭的金朝，也打不過蒙古了。

西元一二三一年，蒙古大汗窩闊台（就是成吉思汗第三個兒子，也就是元太宗）親率蒙古大軍，兵分三路南下伐金。與此同時，為了斷絕金朝君臣的後路，也為了麻痺南宋，以便在收拾完金朝之後能夠更輕鬆的對付南宋，元太宗派使臣來向南宋示好，並且邀請南宋一起夾擊金朝。

是不是覺得聽起來很熟悉？沒錯，就在距此大約一百年前，北宋就曾經和金朝相約一起夾擊遼國，結果，遼國雖然被滅了，北宋也因此自取滅亡。於是，不少朝臣對於蒙古「一起夾擊金朝」的邀約都不贊成，都認為應該記取歷史的教訓，此舉就算能造成金朝的滅亡，但也一定又會像當年北宋那樣，「去一狼而進一虎」，到頭來一定還是會得不償失。（說來說去，都還是因為宋朝自己太弱，所以從遼國、金朝到後來的蒙古，都把宋朝壓制得喘不過氣來。）

可是，由於元太宗許諾等到滅掉金朝之後，會把金朝所占領的河南之地

歸還給南宋，當時在位的宋理宗大概是占便宜的心理作祟，喜出望外，覺得這實在是一件天大的好事，所以還是急忙答應了。

西元一二三四年，蒙宋聯軍攻破金哀宗所在的蔡州，金哀宗在絕望中上吊自殺，金亡。

滅金以後，其實蒙古並沒有兌現當初的承諾，沒有把河南之地全部還給宋朝，而是把河南之地一分為二，只歸還了宋朝陳州、蔡州以南的一半，但是宋理宗還是相當滿意。當金朝的傳國玉璽以及金哀宗的遺骨送到京城以後，理宗下令在太廟舉行了隆重的儀式，告慰九泉之下的列祖列宗，意思無非是，祖先們以前被可惡的金朝欺負得太慘了，但是現在我可替你們報仇了！

在這次伐金之役中，有功的臣子也紛紛得到加封。有兩個大臣，一個名叫趙范，另一個叫作趙葵，本來都是反對聯蒙滅金的，但是現在看到皇帝這麼高興，居然建議宋理宗不妨趁現在蒙軍主力已經撤退北走的時候，趕快出兵收復「三京」（就是北宋時的「西京洛陽」、「東京開封」以及「南京應天府」），占據黃河和潼關。這個時候，理宗正在興頭上，忽然想做中興之主了，果真立刻出兵，也果真很順利的就占領了洛陽，史稱「端平入洛」。

然而，這回理宗還沒來得及高興太久，蒙軍就已經又立刻南下，馬上就把宋軍打得落花流水。而且，一年之後元太宗更以這件事作為藉口，派兵南進，大舉攻宋，拉開了長達四十年之久的蒙宋戰爭的序幕。

又過了一年，文天祥出生。

文天祥（西元1236-1283年），字履善，號文山，吉州廬陵（今江西吉安）人。他誕生的時候，正是蒙軍大舉進攻南宋的時候，所以在他成長的過程中，看到的淨是外族入侵、人民受難的慘狀，很早就立志抗元。不過，他是一介書生，想報國必須先有功名。西元一二五六年五月，二十歲的文天祥參加殿試，成了一名狀元。三年後，任承事郎。

這一年，元軍已經大舉南下突破了長江天塹（意思是長江的地勢險要，有如天然的溝塹屏障）（此時元太宗、定宗、憲宗都已過世，元世祖忽必烈剛剛即位），南宋舉朝大驚，幾乎所有大臣都一致主張趕快逃跑！宦官董宋臣甚至還力勸理宗遷都四明（今浙江寧波），因為四明靠海，這樣萬一苗頭不對還可以逃到海上去（這實在是沒出息到家了）！這時，年僅二十三歲的文天祥，獨排眾議，上書請斬董宋臣，義正辭嚴的指出，皇上是「百姓的父母」，理當要保護百姓，怎麼可以逃跑？也無權逃跑！文天祥言詞之激烈，已可明顯看出他滿腔愛國的熱情。

可惜在整個南宋的小朝廷中，一大批文武官員都還是「逃跑派」，文天祥可說是孤掌難鳴，也根本不可能得到重用。理宗還放縱賈似道弄權，實施「公田法」，大肆斂財，進一步削弱了國力，南宋已是無可救藥。

等到理宗、度宗相繼過世，恭帝即位的時候，南宋江山已是危在旦夕，國土縮小了一大半，隨著蒙軍鐵騎所到之處，沿途的將領不是逃跑就是投降。西元一二七四年，元世祖下令大將伯顏率二十萬大軍兵分水陸兩路，分別向揚州和杭州進擊。翌年正月，正在江西老家的文天祥接到皇帝詔書，要他組織軍隊抗敵。當時，文天祥的家裡正在建造房屋，他立即停建，把家產全部充當軍費，三天以後便發表了抗敵檄文，很快便組織了兩萬人馬的軍隊，展開抗元戰爭。

文天祥的愛國，不只是口頭上講講而已，而是能夠化作實際的行動。不過，儘管文天祥全力以赴，這還是一場以弱抗強的戰爭，也是一場注定贏不了的戰爭。

一年後，元軍攻陷臨安，將恭帝、太皇太后以及一大堆官僚宮室統統俘虜（就像一百多年前的「靖康之難」再次重演），文天祥也被俘虜。元軍本來想要文天祥歸順，還說會給他高官厚祿，但是文天祥絲毫不為所動。元軍只好把他挾持去北方，想迫使他就範，文天祥在中途設法脫逃，又回到東南沿海組織力量繼續抗敵，就這樣在陸上、海上與元軍苦苦纏鬥了兩、三年，在稍有力量的時候甚至還一度召集軍力北征，使元軍大傷腦筋，但也使元軍對他產生了敬意。

不過，文天祥最終當然還是寡不敵眾，在五坡岑兵敗再次被俘。元軍將文天祥押解至燕京（今北京），繼續對他威脅利誘，希望用收買文天祥來瓦解南宋遺民的抗元心態，然而文天祥對於元所許諾的高官厚祿始終無動於衷。

西元一二八三年，文天祥終於被害。他為後人留下了大量的愛國詩篇，「人生自古誰無死，留取丹心照汗青」更是千古名句，激勵了一代又一代的能人志士。

第79個

朱熹與理學

中國古代對後世影響最為深遠的思想家，除了孔子，就是朱熹了。

朱熹（西元1130-1200年），出生於北宋末年宋徽宗在位時期，字元晦，徽州婺源（今江西婺源）人。雖然十八歲就中舉，次年就登進士第，一生歷任各種官職達二十餘次，但他生前並不得志；在政治上，他主張抗金，但反對盲目用兵，認為應該先好好養精蓄銳，這些言論都不為當朝所喜，而

他一生最主要的活動——講學授徒，在南宋時又曾經一度被誣為「偽學」，直到他死後九年，寧宗定朱熹諡號為「文」，稱他為「朱文公」，朱熹的學說才得到政府的肯定，後來理宗又追封他為「信國公」。

朱熹的重要性在於他是理學集大成的人物。宋代的「理學」，又稱「道學」、「新儒學」，我們也可以把理學看成是儒家思想在宋代的一種表現形式。理學以儒學為中心，又融會了佛道的思想。簡單來說，理學是以「理」或「天理」為宇宙萬物的本體，也就是作為人們思想、乃至行為的根本原則，因此才被稱為「理學」。

同時，由於理學是以三綱五常的倫理道德作為基本內容，以明道為目標，希望繼承古代的道統，所以又稱為道學。所謂「三綱五常」，就是說「君臣」、「父子」、「夫婦」、「兄弟」、「朋友」是人類社會中五種最重要的社會關係，要以「仁」、「義」、「禮」、「智」、「信」來加以規範（這就是「五常」），而以「君為臣綱」、「父為子綱」、「夫為婦綱」最重要（這就是「三綱」）。可以說，理學家用「三綱五常」的概念編織了一張大網，把所有的人都涵蓋進來，無一例外。在此「三綱五常」中，帝王最大，君臣關係也最重要，只要君心正，三綱舉，就會出現「父慈子孝」、「夫唱婦隨」、「兄友弟悌」、「上仁下敬」、「朋友有信」的理想化社會。

宋代理學以程顥、程頤（被稱為「二程」）以及朱熹為代表，所以又被稱為「程朱理學」。

程顥和程頤的年代要早於朱熹，他們都是北宋理學的代表人物，而且都是周敦頤的學生。說起來，理學應該是從周敦頤開始的，他提出了「太極」的概念，認為「太極」是宇宙的本體。也就是說，周敦頤引用了道家思想來闡釋儒學，建立了理學的宇宙論。

接下來，程顥和程頤吸收了周敦頤的思想，並加以發展，提出「理」作為宇宙的本體，從而為理學建立了思想體系，因此二程可說是理學的奠基人。不過，二程用理來解釋一切，並進一步要求大家都要去掉欲求，很多時候未免顯得不近人情。有一個最具代表性的例子就是，有人問程頤，儘管按照傳統觀念，女人一輩子只該有一個丈夫，但是家貧的寡婦為了活下去是否可以改嫁？程頤居然認為不可以，並且說出「餓死事小，失節事大」這樣的話。

到了朱熹，他是二程的四傳弟子，他把「氣」的概念帶入理學，並且從「理」與「氣」的關係上探討天地萬物的哲學意義。朱熹認為，「理」是萬物的本體，「氣」則是金、木、水、火等構成萬物的材料；「理」和「氣」互相依存，但「理」先於「氣」，「氣」則依「理」而存在。

朱熹並提出「明天理，滅人欲」這樣的口號。他認為，所謂「天理」就是「三綱五常」（等於是把封建的綱常倫理道德說成是「天理」），所謂「人欲」則是一切違背三綱五常的動機與行為。朱熹還說，「天理」和「人欲」是互相對立的關係，我們學習和修養的目的，就是要學會如何「遏人欲而存天理」，同時，「明天理，滅人欲」的過程，就是孔子所謂的「克己復禮」，只要能夠戰勝人欲，恢復天理，這就是「仁」。

不過，要特別說明的是，朱熹所反對的「人欲」，不像二程那麼的冷漠嚴格和不近人情，這是他針對二程學說的一個重要修正。比方說，朱熹認為，「飲食者，天理也；要求美味，人欲也。」意思就是說，基於生存的飲食，朱熹認為這是理所當然的，沒有什麼不對，但是，如果你還要求一定要吃香的、喝辣的，挑嘴得不得了，那就是不必要的「人欲」，這就是他所要反對的了。

理學到了朱熹手上，獲得了進一步的修正。他把儒學的倫理綱常加了新注解，賦予了新的內容，使三綱五常理論化，成為禁錮人性的封建倫理規範，體系十分嚴整，又很利於封建社會的穩定性，遂成為封建社會官方的正統哲學，從此統治了元、明、清思想界長達數百年之久。

此外，朱熹也是著名的教育家，先後在白鹿洞書院（今江西廬山五老峰下）、岳麓書院（今湖南長沙岳麓山）等地講學，一生講學不輟，培養出大批的儒學弟子。所謂「書院」就是一種私人講學的場所，起於唐代，但直到宋太祖趙匡胤「重文輕武」的政策，書院到了宋朝才逐漸興旺起來。

朱熹的著作也很多，由他編著的《四書集注》，後來成了科舉考試的必讀書籍。事實上，「四書五經」這樣的說法也是從朱熹開始的，他把儒家經典著作的《倫語》、《孟子》，以及《禮記》中的〈大學〉、〈中庸〉兩篇，合訂為一部書，定名為《四書》，從此《四書》便和儒教經典《五經》合稱為「四書五經」。

第80個

中國古代四大發明

中國古代有四大發明，分別是紙、印刷術、指南針以及火藥。我們已經在第二冊介紹過東漢時期發明紙的蔡倫，現在我們要介紹另外三大發明。

印刷術

和紙一樣，全世界最早出現印刷術的國家也是中國，出現在唐朝初年，稱作「雕版印刷」。所謂「雕版」，就是把寫好字的薄紙反貼在木板上，把沒有筆畫的地方鑿去。要印刷的時候，先把雕版塗上墨，蓋上白紙，再用刷子刷紙背，黑色的正字就會印在白紙上。這樣的技術顯然是在印章、石刻和拓碑的基礎上發展而來。（「拓碑」，就是把墨汁塗在石碑上，再將溼潤的白紙貼在石碑上，再用刷子一刷，石碑上的字就會黑白分明的顯現。）

在唐朝開元年間（西元713-714年），世界上最早的報紙——《開元雜報》問世了，就是以雕版印刷術印出來的。到了唐朝後期，雕版印刷術逐漸普及，也出現了第一本印刷品，那是一卷《金剛經》（現在存於英國的大英博物館）。

到了宋朝，雕版印刷達到了顛峰時期，「刻書」（因為要先雕刻雕版，所以稱為「刻書」）成為當時社會上的一種時尚，浙江、四川、福建和江西都是雕版印刷的中心。但是，隨著雕版印刷術的普及，以及社會上對於書籍需求量的激增，雕版印刷術的缺點也逐漸變得格外明顯起來。比方說，雕刻雕版是一件非常費時費工的事，一塊版上面只要有一個錯字，就得全部廢棄，然後將整個版重刻，如果想要印一套大部頭的書，往往必須花上幾年的工夫，平時存放這些雕版還需要很大的空間，同時，雕版也很容易變形或遭到蟲蛀等等而損壞，更要命的是，這些雕版都不能重複使用，諸如種種實際

上的問題，社會上已經形成了一種氛圍，那就是大家都需要一種更有效率、也更節省成本的嶄新的印刷術。

到了北宋，有一個平民，名叫畢昇，他的生年不詳，卒年大約是西元一○五一年。他長期從事雕版印刷的工作，在工作中對於雕版印刷術的缺點非常清楚，所以一直在尋找一種更好的工作方式。歷史記載，畢昇在西元一○四一至一○四八年，也就是宋仁宗慶曆年間，製成了膠泥活字，並實行排版印刷，史稱「活字印刷術」。

畢昇首先用膠泥做成一個個四方形的長柱體，並在上面刻上單一的字，然後拿到火上燒硬，這就成了一個一個的「活字」。在製作活字的時候，雖然要花很多時間，可是等到活字製作完成，接下去的印刷過程就會簡單得多。要印書的時候，畢昇就用一塊塊和書頁一樣大小的鐵板，並在上面塗上松香或是蠟之類的物質，鐵板四周圍著一個鐵框，在鐵框內排滿密密麻麻的活字。排完版之後，再用火在鐵板底下烤，等上面的松香和蠟等物質熔化以後，再用一塊平板從排好的活字上面壓過，使這些活字能夠看起來很平整，接著，待松香等藥劑冷卻以後，活字就會固定在鐵板上，到這個時候一塊活字版就算是排好了，只要在版上塗上墨，再將之覆蓋在乾淨的紙面上就可以印刷了。等到印刷完畢，只要將活字版放在火上烤，等到裡面的藥劑融化以後，活字就可以從版面上脫落下來，下一次又可以用了。

畢昇活字印刷術的發明，在印刷史上具有重要的意義。活字印刷術由於事先準備了充足的活字，可以隨時拼版，大大加快了製版的時間，而活字版在印刷完畢以後，又可以隨時拆版，以後還可以重複使用，更何況保存這些活字也不需要太大的空間。

不過，或許因為畢昇只是一介平民，推廣力量有限，以至於活字印刷術明明具備了省時省力的特點，比雕版印刷術要優秀很多，可是畢昇的發明

卻沒有受到當時整個社會的重視，甚至在他死後，活字印刷術也沒有得到推廣，但是他所發明的活字印刷概念卻流傳了下來，後來的泥活字、木質活字、金屬活字，最原始的創意都來自於畢昇的膠泥活字。畢昇所發明的活字印刷術比歐洲要早四百多年。

指南針

指南針也是在北宋的時候發明的，並且在北宋就已運用於航海。不過在戰國時期就已經有「司南」的記載，當時人們已經發現可以利用磁石來指南。北宋的指南針是用細小的鋼針在磁石上摩擦，使鋼針帶有磁性，成為磁針。到了南宋，指南針經阿拉伯人傳入歐洲，成為近代航海中不可缺少的工具。

火藥

歷史上對火藥的記載最早是在唐朝中期。火藥其實是古代煉丹家們無意中的一個發現，後來逐漸演變成用硫磺、硝石和木炭的混合物來配成黑火藥。到了唐朝末年，火藥開始用於軍事上。北宋時期，朝廷已有專門製造火藥和火藥武器的機構，南宋時期製成「突火槍」，這是世界上最早的管形火器。接下來，元朝已經可以製造出大型的金屬管狀火器，稱作「火銃」。十三世紀以後，火藥經中亞傳入了歐洲。

第81個

威震歐亞的軍事天才——成吉思汗

我們得先把「成吉思汗」這個名字弄清楚。「汗」是一種尊稱，類似「皇帝」、「國王」的意思，所以，「成吉思汗」就類似「大衛王」、「凱薩大帝」一樣，是一位名叫「成吉思」的「汗」。這是蒙古語。

那麼，「成吉思」這個名字在蒙古語中又代表著什麼意思呢？是「海洋」、「天」，或「堅強」的意思，對一個男性來說，當然是一個很大氣的名字。

十二世紀的蒙古草原，外受金朝的殘酷壓迫，內則部落之間紛擾不休，征戰不斷，大家的日子都很不好過。直到成吉思汗才把草原上落後且分裂的蒙古各部族融為一體，成功的建立了橫跨歐亞兩大洲的大帝國，重開了「絲綢之路」，推進了東西方以及阿拉伯各國之間的經濟和文化交流，他的貢獻在整個世界歷史上留下了輝煌的一頁。

大家都說，不凡的人從小就不凡，成吉思汗確實可以為這種說法下一個很好的注解。

成吉思汗本姓「奇渥溫」，名「鐵木真」，十二世紀中葉（西元1162年）在蒙古高原的斡難河（今鄂嫩河，發源於蒙古，北流入俄羅斯）畔誕生。他出身於貴族之家，家族屬於蒙古乞顏部，父親（名叫「也速該」）為乞顏部的領袖。根據歷史記載，鐵木真出生的時候就很特別，不僅「頭角崢嶸」（與一般人不一樣的意思）、「雙目炯炯有光」（一般新生嬰兒根本連眼睛都睜不開的，可是鐵木真不但已經睜開了雙眼，還非常有神），更特別的是，還「手握凝血如赤石」（其實嬰兒剛離開母體，身上不免會沾到一些血塊之類，這種說法可能是想描述鐵木真握緊小拳頭，一出生就非常有力的模樣吧，不過據說當時就有人說這是「吉祥預兆」）。

在他出生這一天，剛好父親也速該生擒了兩個塔塔兒部的人，其中一個年長者的名字叫作「鐵木真」，於是，也速該就為新生兒也取了「鐵木真」這個名字，來紀念這天的勝利。

在八歲以前，由於父親是部族首領，鐵木真的日子一定是過得相當不錯的，然而，在他八歲那年，厄運降臨，父親也速該被塔塔兒部的人毒死，緊接著掌握部落大權的人在遷營的時候，竟然拋棄了也速該的妻小，連一頭牲

畜也沒給他們留下。蒙古民族本來就是以游牧為生，可是一頭牲畜都沒有，當然不可能再過游牧生活，母親訶額倫氏只好放棄以往習慣的生活方式，帶著鐵木真等四個兒子改以漁獵和挖野菜、採野果為生，日子過得非常艱辛。鐵木真是長子，當然要承擔更多的責任，他的心智自然也得到更多的鍛鍊。

十三歲那年，鐵木真還曾經被敵人抓回去，負枷示眾，可是他居然能夠在當天夜裡潛逃回家。鐵木真的冷靜，以及過人的勇氣和膽識，從這件事情上已經可以很明顯的看出來。這次事件之後，全家就遠遷不兒罕山（今蒙古共和國境內的肯特山）。

鐵木真小的時候，父親曾經為他與另一個部落的一個美麗女孩訂過親，這個女孩名叫孛兒帖。由於生活艱辛，鐵木真直到十八歲才有能力把孛兒帖接回家中成親。

鐵木真長大以後，決心要恢復父親的功業，同時他也深刻感受到唯有自

己強大，才不會被人欺負。自從與孛兒帖成親以後，他就開始慢慢號召父親當年的舊部，逐步恢復自己部族的地位。

婚後鐵木真與孛兒帖兩人感情很好，可是僅僅過了一年多，孛兒帖竟然被一個叫作蔑兒乞部落的人劫走。鐵木真立刻聯合了盟友札木合等等，大敗蔑兒乞部落，奪回了孛兒帖，還獲得了大批的俘虜。鐵木真因此聲威大震，父親當年的部屬與奴隸都紛紛歸附，鐵木真的實力因而迅速壯大。

一一八九年，鐵木真被部眾擁戴為「汗」，這時鐵木真才二十七歲。這引起盟友札木合極大的不滿和嫉妒，兩個部族很快便發展到武力相向。札木合召集了十三部一共三萬兵力出擊，鐵木真也以三萬兵力分為十三翼沉著應戰。史稱「十三翼之戰」。

這場戰爭的結果是很耐人尋味的。因為，表面上雖然札木合獲勝，但是因為札木合生性暴戾，對待俘虜極端殘忍，結果反而引起自己部屬強烈的不

滿，而紛紛倒戈轉向鐵木真，結果，原本戰敗的鐵木真在戰後的實力反而獲得了增強。

又過了七年（西元1196年），塔塔兒部反抗金朝，兵敗逃竄，鐵木真和克烈部應金朝大軍統領之約，合力阻擊塔塔兒部，殺了他們的首領，並虜獲大批人畜財物。鐵木真的父親當年就是被塔塔兒部的人毒死的，所以這麼一來鐵木真不但報了父仇，也大大提高了威望，成為蒙古草原上一支非常強大的力量。

從一進入十三世紀（西元1200年）開始，鐵木真用了七年的時間，經過四次規模比較大的戰役，徹底擊敗各個部落，真正稱霸於蒙古草原。一二〇六年春天，四十四歲的鐵木真在蒙古部原聚居地斡難河源頭召集部落會議，在這一次大會上，他被一致推為「大汗」，上尊號為「成吉思汗」，國號「大蒙古汗國」。

成吉思汗即帝位以後，在政治、經濟、軍事方面展開全方面的改革，不但鞏固了帝國統一的局面，也大大推動了社會的發展。尤其值得大書特書的是，他還推動創制了蒙古民族的文字，一改過去立國前沒有文字的落後局面。成吉思汗的許多舉措不但加速了蒙古汗國封建制度的形成，大大推動了社會生產力的發展，也為日後元朝的建立奠定了堅實的基礎。

同時，成吉思汗也展開了南進與西征，不斷的開拓疆土。而他的西征更是打開了東西方交通的道路。在成吉思汗晚年，蒙古大軍甚至長驅直入至俄羅斯境內，一直打到克里米亞半島、伏爾加河流域、多瑙河流域，威震世界，被西方人稱為「黃禍」。

不過，儘管成吉思汗使中華民族的聲威遠播，但是他並沒有建立起疆土固定的版圖。一二二七年，成吉思汗病逝，享年六十六歲。

真正建立起疆土固定的版圖，並把「大蒙古」改為「大元」（取《易經》上「大哉乾元」的意義，表示國家領土非常廣大），同時結束數百年來南北對峙政治局面的是成吉思汗的孫子——元世祖忽必烈（西元1215-1294年）。

也就是因為忽必烈建立了元朝（他是元朝真正的第一任皇帝，元朝成為中國歷史上第一個由少數民族建立起來的統一政權），所以成吉思汗在去世了三十九年以後（西元1266年），被追諡（意思是說依死者生前事蹟所給予的稱號）為聖武皇帝，又過了四十三年（西元1309年），加諡法天啟運聖武皇帝，廟號太祖。所以後人也將成吉思汗稱為「元太祖」。

元朝是中國歷史上疆域最大的朝代，不僅結束了五代以來的分裂狀態，在元朝所統治的一百三十多年中，也是一個民族大融合的時期，更是加強中國與世界聯繫（包括文化交流）的一個時期。

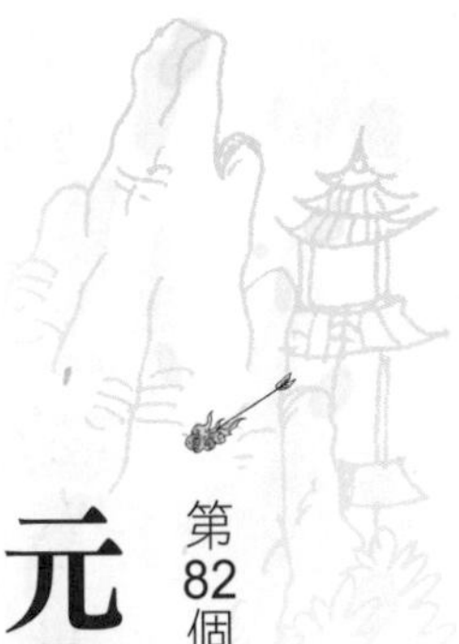

第82個

元曲大家——關漢卿

在中國文學史上，元曲與唐詩、宋詞並稱，所謂「曲」主要就是雜劇的意思。雜劇所以會在元代特別興盛，有它特殊的時代背景。

由蒙古族統治的元朝，實行嚴格的種族歧視制度，漢人的地位很低，低到法律居然明文規定，如果有蒙古人打漢人，漢

人不能還手。此外，過去讀書人賴以出人頭地的科舉制度一度中斷了八十多年，讀書人失去了政治上的前途和社會上的地位（漢人就算做官，頂多也只能擔任副職），造成讀書人的地位空前低落，當時社會上居然還有「七匠八娼九儒十丐」這樣的說法。「儒」就是讀書人，想想看，讀書人的地位竟然比工匠、妓女都還要來得低，只比乞丐好一點，由此可見讀書人在當時有多慘了。

那這些飽讀詩書，有才華、有創作天分和創作欲望的讀書人該怎麼辦呢？進入「勾欄」（就是「戲園子」），與很多「倡優」（就是「藝人」）生活在一起，為倡優寫一些劇本供他們演出，自己也可以賴以餬口，並在其中寄託自己的思想和感情，就成了一個還可以接受的選擇。尤其是自宋元以來，人口眾多、經濟繁榮的城市，雜劇興盛，對於劇本的需求很大，也提供了雜劇發展的溫床。在有史可考的兩百四十一個雜劇作家中，創作量最大的

就是關漢卿，他的作品，有目可查者達七十幾種，是現存雜劇總量的十分之一，非常驚人，同時，他作品的質量之高，也是數一數二的。譬如他在晚年所寫的《竇娥冤》（又名《六月雪》），七百多年來不知道被演出了多少次，這就是關漢卿一部生命力非常強勁的傑作。

關漢卿本人的生命力應該也是很強的。他曾說：「我是個蒸不爛、煮不熟、捶不扁、炒不爆、響噹噹一粒銅豌豆。」這樣的比喻，既生動又極具平民色彩（豌豆是平民百姓很常見的飲食），很可以窺見關漢卿積極樂觀又頗豁達的人生觀。

關漢卿，「漢卿」其實是他的字，他的真實名字已不可考，出生在哪一年也不詳，只知道大約是在西元一二二〇年左右，卒年倒是確定的，是在西元一三〇〇年，所以關漢卿相當長壽（「長壽」也是一個勤奮又有才華的創作者能寫出那麼多作品的一個重要條件）。關漢卿出生在大都（今北京）的一個富裕之家，父執輩有一定的政治地位，同時因為出身書香門第，關漢卿從小就受到良好的文化薰陶。關漢卿大約在四十歲左右當過「太醫院尹」的小官，但很快就因不得志而辭官，隨即離開了大都，一路南下，先後遊歷了汴京、洛陽、杭州、揚州等地，了解了很多當地的風土民情，增加閱歷，對於他日後的創作大有幫助。

接下來，關漢卿長年和倡優藝人生活在一起，完全成為他們的一員，他不僅以自己深厚的藝術素養從事雜劇創作，使其無論是音律、曲調或演出形式都日臻完美，也使其唱辭、口白更具文學性，有時他興致一來，還會參與演出，吹拉彈唱無所不精，甚至也能親自上台演出。

關漢卿是元雜劇的開創者和奠基人，可以說相當真實的反映了當時的社會現實，所以後世都公認關漢卿的雜劇是十三世紀中國社會的一面鏡子。關漢卿塑造了許多鮮明的人物形象，最突出的有三種人物：一類是橫行霸道、欺負弱小的強權，這一類人是元代社會中的一個特權階級，他們橫行霸道，卻又受到法律的保護，讓一般的平民百姓咬牙切齒，恨之入骨；一類是身分卑微但是品德高尚、並不乏大智大勇的弱女子；還有一類就是清官，往往在劇中負責主持正義，讓觀眾渴望「善有善報、惡有惡報」的願望得以滿足。

綜觀關漢卿的雜劇，若按內容來分大致可分為三類：一類是以現實社會的獄訟事件為中心的公案戲（以今天的話來說，就是根據真實的社會新聞及案例來發揮的寫實劇），最具代表性的當然就是《竇娥冤》了；一類是以婦女的戀愛婚姻為中心的風情戲（以今天的話來說，就是以婦女觀眾為主要訴求的浪漫文藝愛情悲喜劇），這一類的作品是關漢卿作品的主力，多半是喜劇，關漢卿在這些作品中創造了許多光彩照人、令人激賞的女性形象。譬如在《救風塵》中的趙盼兒，就是以自己的勇氣和智慧戰勝了邪惡的惡勢力；還有一類就是以歷史人物為中心的英雄傳奇戲（以今天的話來說就是歷史

劇，或是「戲說」類的古裝劇），譬如《單刀會》、《西蜀夢》等等，其中《單刀會》中的關公，鮮活的造形、令人佩服的英雄氣概，都讓人看得十分過癮。

或許關漢卿從創作雜劇的過程中，找到了一種最能反映百姓生活、抨擊社會黑暗、又能表達自己諸多人生信念的最佳方式，他的作品才能一直擁有這麼旺盛的生命力，因為他的作品本來就是來自於民間啊。

關漢卿用大半生的精力從事雜劇創作，不但使自己成為中國戲曲史上第一位知名作家，他的成就，從元末明初就一直備受讚譽，至今歷久不衰；關漢卿也從此開創了戲曲藝術的優秀傳統，對於中國的戲曲藝術有很大的貢獻。

第83個

和尚稱帝——明太祖朱元璋

在中國數千年悠久的封建歷史中，只出了兩位平民皇帝，一位是漢高祖劉邦，另一位就是明太祖朱元璋。

我們現在所看到的朱元璋畫像，版本不一，有一張是圓圓臉，看起來很福態；還有一張流傳甚廣的畫像，朱元璋的長相實在是滿恐怖的，臉型很

長、很怪異，看起來簡直不像是人類。有一種說法是，這張畫像所呈現的朱元璋的面貌是假的，只不過是想凸顯朱元璋是「真龍天子」（就像當年劉邦假託自己是赤帝之子一樣，而傳說中的龍，臉部就是超長、超難看的），因為實在很難想像有人會長成那樣，再說朱元璋的子孫明明都是圓圓臉啊，但是也有人說，那是因為朱元璋的妃子們一定都很漂亮（原配馬皇后倒是長得不怎麼樣），經過優生學改良，所以朱元璋的子孫就變得好看了。

比起劉邦這位平民皇帝，朱元璋的出身更勁爆，因為他不僅是平民，少年時期居然還做過和尚！不過，他倒不是像玄奘那樣天生就很有慧根和佛緣，所以早早就出家，朱元璋早年做和尚完全是生活所迫，是為了生存的不得已之舉。

劉邦是沛縣人（今江蘇沛縣），巧得很，朱元璋的原籍也是江蘇沛縣，後來朱家先遷到泗州，再遷到濠州鍾離（今安徽鳳陽東方）。朱元璋的父母生了八個小孩，夭折兩個，存活六個，生於西元一三二八年的朱元璋是家中最小的一個孩子，所以小名重八，就像廣大的普通百姓一樣，連個正式的名字都沒有（當初劉邦也是這樣），直到後來二十幾歲加入郭子興的義軍以後，才取名為元璋，字國瑞。

在他十六歲那年（西元1344年），整個淮北地區禍不單行，一連發生了旱災、蝗災和瘟疫，朱元璋的父母、長兄都陸續死去，朱元璋無以維生，只得剃了頭髮到皇覺寺去當和尚。不過，在那樣的年頭，廟裡要養活那麼多的和尚也不容易，因此，朱元璋入寺僅兩個月就被逼著外出化緣，雲遊四方，其實無異於過著逃荒討飯的日子。朱元璋有一句名言：「國以民為本，民以食為天」，相信他早年所遭受到的生活上的艱辛，一定給了他很大的刺激與感觸。

朱元璋這樣四處化緣的日子經過了三年，回到皇覺寺以後又過了幾年，到了西元一三五二年，皇覺寺被兵火所毀，朱元璋再一次無家可歸。寺廟被毀的第二天，朱元璋就投奔了濠州起義軍郭子興的部隊。這一年，朱元璋二十四歲。

其實在他雲遊四方的那三年之中，一方面他接觸了當時祕密結社的白蓮教，一方面也了解了天下大勢，知道人心思亂，不得人心的元朝氣數已盡，正是英雄豪傑可以大展身手的時候。在這個時期，朱元璋曾經口頭做過一首詩：「天為帳幕地為氈，日月星辰伴我眠，夜間不敢長伸腿，恐把山河一腳穿。」一個經常在外露宿，有一頓沒一頓的和尚，居然能做出這麼有氣勢、隱隱然已經有了造反意識的詩，也真是夠特別的了。

朱元璋來到濠州城下想投奔郭子興的時候，守城的士兵看他穿得破破爛爛，而且又是一個和尚，不相信他，認定他是元朝派來的奸細，二話不說就把他綁起來，還想去請郭子興的令旗，想要殺掉他。幸好郭子興知道了，生

怕殺錯好人，親自騎馬趕到城門口，結果看到一個身材魁梧的年輕和尚，被五花大綁竟然還神情自若，不禁暗暗稱奇，就趕快命人把他給放了，然後收為步兵。這是朱元璋一生當中極為重要的轉捩點。

郭子興非常欣賞朱元璋，欣賞到把自己視如己出的養女都嫁給他，這對於朱元璋早期的事業勢必產生了相當大的幫助。三年後，郭子興病死，朱元璋把郭子興的部隊全部接收下來，然後就靠著這麼一點力量開始打天下。

朱元璋雖然沒有讀很多書，但是為人沉穩，城府很深（就是滿有心機的），他後來能夠成功，主要還是跟他擅長謀略有關。他很有智慧，採納了儒士朱升的建言——「高築牆，廣積糧，緩稱王」，意思就是說，要低調一些，暗中努力經營，慢慢累積自己的實力，不要那麼愛現，不要那麼急著稱王，以免過早就成為元朝對付的目標，畢竟當時元朝的軍事力量還是相當大的。朱元璋很有耐性，把這九字真言執行得非常徹底。

比方說在西元一三五九年，也就是朱元璋三十一歲的時候，其實他的部隊已經是一支相當具有戰鬥力的軍事力量，可是他並不稱王，寧可接受宋政權小明王的賜封，為江西行省左承相。（在每一個朝代末年，百姓要開始造反的時候，總會有一些人找到具有前朝皇室血統的人出來做精神號召，元末也不例外。）

西元一三六一年，朱元璋晉爵吳國公。兩年後，朱元璋迎小明王韓林兒安置滁州，像三國時期的曹操一樣，挾天子以令諸侯，但仍不稱王。直到西元一三六四年，朱元璋在鄱陽湖大戰中消滅了陳友諒以後，這才終於稱王，但仍尊奉小明王為宋帝。

朱元璋在自己的實力還不夠壯大之前，一直避免與元朝主力決戰，同時，他又一直巧妙的利用各路反元力量作為掩護，並以大宋作為擋箭牌，表面上雖然甘居在小明王之下，實際上則是不動聲色的慢慢擴大自己的地盤。

西元一三六三到一三六七年的短短四年間，朱元璋發展得很快，除了消滅陳友諒，還消滅了張士誠，整個長江中下游就這樣全部都被他統一了。

西元一三六八年，已經準備得非常充分的朱元璋出師北伐，定國號為「明」，年號洪武。同年攻克大都，推翻元朝統治，同時也結束了元末二十多年的戰亂。接下來，朱元璋再逐步實現全國統一。

從童年放牛，少年當和尚，到四十歲當皇帝，朱元璋是一個充滿傳奇色彩的人物。當上皇帝以後，為了朱明王朝的世代永繼，朱元璋空前加強中央集權，成為歷史上

權力最大的君主。

朱元璋在位三十一年，於西元一三九八年病逝，葬於今天南京鍾山南麓的孝陵。他所建立的明朝，則前後持續了將近三百年。

第84個 靖難之役

所謂「人算不如天算」，往往確實就是如此。宋太祖趙匡胤為了保障趙家天下，重文輕武，還嚴格防止武將擁有兵權，弄得宋軍戰鬥力不足，整個宋朝更是因此長期積貧積弱；明太祖朱元璋為了使朱氏王朝長治久安，做了很多措施，結果在他死後不久就爆發了一場皇室內部爭奪皇位的戰爭，這就是著名的「靖難之役」。

「靖」在這裡是「平定」的意思，所以「靖難之役」表面上是一場為了

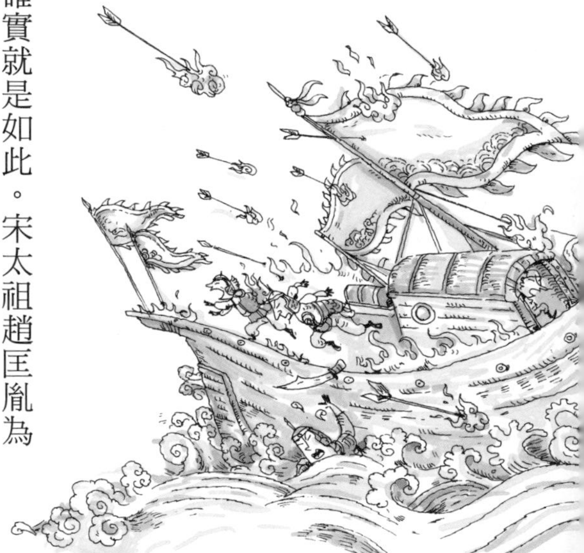

平定災禍的戰爭（當然，這是發動戰爭的人說的），實際上這就是一場叔叔要跟親姪子搶皇位的戰爭。

首先我們必須先對朱元璋的用心良苦有所了解。朱元璋在位的時候，把二十四個兒子和一個從孫分封在全國各地，一方面在長城沿線分封了九國，授以兵權，命他們鎮守北方，抵禦蒙古，另一部分則駐紮內地，負責監督地方官吏。諸王中，以燕王棣、晉王棡、寧王權的勢力最大，擁有「清君側」的權力，意思就是說，一旦當皇帝身邊出現了小人，以至於奸臣當道，影響了國家社稷安全的時候，他們就有權主動出擊為皇帝同時也是為國家社稷掃除奸佞。朱元璋如此設計的本意，當然是為了保障朱氏王朝，卻沒想到後來他的第四個兒子燕王棣就是以「清君側」這個理由起兵。

朱棣是一個有勇有謀的人，十歲就被父親朱元璋立為燕王，後來奉命鎮守北平的時候曾多次擊敗蒙古，屢建奇功。按史書上記載，其實朱元璋最喜

歡的兒子就是朱棣，因為覺得朱棣很像自己，但是由於朱棣不是皇后所生，屬於「庶出」，在「立嫡不立庶」的傳統宗法制度之下，朱棣與皇位照說是注定無緣的。

朱元璋經過十幾年的戎馬生涯，好不容易才逐步掃蕩群雄，推翻元朝，開創大明基業，朱元璋深知「創業難，守業亦難」，因此十分重視對接班人的培養。在登基之後，朱元璋就把長子朱標策立為皇太子，然後延請名儒宋濂等人擔任太子的老師，一心想把朱標培養成一個傑出的君王。

沒想到，在洪武二十五年四月，太子朱標英年早逝，得年僅三十八歲。朱標有兩個兒子，按順位，接下來將來應該是由朱標的長子來繼承皇位，但是朱標的長子也很短命，甚至還走在父親的前面，這麼一來，朱標一死，朱元璋就只得把朱標的次子朱允炆冊立為太子。

朱標去世之後六年，洪武三十一年，朱元璋病逝，皇太孫朱允炆即位，史稱建文帝。他重用黃子澄、齊泰等儒臣，一改太祖朱元璋「以猛治國」的方針。過去朱元璋為加強中央集權，加強統治，大興冤獄，把一大堆文臣武將大肆掃蕩！洪武十三年，丞相「胡惟庸謀反案」，株連冤殺達三萬多人；洪武二十六年，「藍玉謀反案」株連冤殺近兩萬人，說朱元璋「殺人如麻」似乎不為過。此外，朱元璋還讓特務機關「錦衣衛」公開活動，進行恐怖監視，肆無忌憚，令人膽寒。朱元璋的這個「猛」，可真的是夠猛的了！

建文帝一上台，立刻平反冤獄，減輕賦稅。此外，建文帝還決定要採取削藩政策，因為他感覺藩王們的權勢太重了。於是，建文帝頒布了親王不准節制文武官吏的禁令，先廢去一些勢力比較弱的藩王，再觸及當時鎮守北平、擁兵十萬、權勢最重的燕王朱棣。

燕王朱棣是建文帝的四叔，他仗著自己是長輩，再加上多次擊敗蒙古的功勞又很大，更重要的是，他手中握有重兵，所以根本不把建文帝放在眼

裡，甚至早就開始私製兵器，並暗中招兵買馬。當建文帝在北平周圍布署了大量的兵力，開始監視朱棣的時候，朱棣對此異狀也早有警覺，趕快裝病騙過了建文帝的耳目。

西元一三九九年，也就是建文帝登基之後的第二年，建文帝準備要削去朱棣的兵權，朱棣卻把建文帝的主將謝貴等人騙到燕王府，然後在酒席間把他們全部擒殺，並且隨即打出「清君側」的旗號，揮師向南京進攻。

朱棣很快就掃清了南京外圍。年輕的建文帝居然找不到什麼可用的將領（人才在前幾年差不多統統都被朱元璋給殺光了），只好起用老將耿炳文為大將軍，率兵十三萬伐燕，但是在滹沱河被燕軍所敗。儒生黃子澄建議建文帝用李景隆為帥，建文帝接受了，但李景隆根本只是一個紈絝子弟，不可能是燕王朱棣的對手。李景隆被擊敗之後，建文帝又以盛庸代之，卻還是不行。

直到西元一四〇三年四月，也就是戰爭開打之後四年左右，戰況才一度對燕王朱棣不利。當時，將領平安率軍突襲燕軍，徐輝祖又率軍前來支援，與燕軍大戰於齊眉山，燕軍損失慘重，再加上剛好又碰到疾病流行，眼看情勢總算變成燕王開始處於劣勢了。然而就在這個關鍵時刻，建文帝做了一個錯誤的決策（其實前面他在自己的統治力量還不夠穩定的時候就貿然削藩，已經是一個錯誤的決策），現在，建文帝看燕王戰況吃緊，竟然過早樂觀預估燕王大概很快就會北返，而京師不能沒有良將守衛，於是就急著把徐輝祖的部隊撤回了南京，這麼一來，無異是大大削弱了前線的力量，減輕了對燕王的壓制，因此燕王得以率領燕軍乘機反擊，在很短的時間內連克數城，緊接著六月就攻破了南京。建文帝不知去向。燕王朱棣就這樣從親姪子的手上搶到了政權，年號永樂，史稱明成祖。這就是「靖難之役」。

明成祖即位以後，採取了一系列的措施，清除建文帝的餘黨，逐步消除

諸王勢力，又正式設立了內閣，恢復錦衣衛，設東廠，等於是又重新恢復了朱元璋「以猛治國」的策略。

西元一四〇三年，明成祖將「北平」改為「北京」，並且於西元一四二一年將都城從南京遷到北京，此舉對於鞏固邊防以及維護全國的統一都有積極的意義。此外，由於建文帝下落不明，謠言盛傳他在海外避難，東南沿海殘存的反明勢力仍然很活躍，再加上明成祖很希望自己所統治的王朝能像盛唐那樣威名遠播，當時中國的造船和航海術又都已經相當發達，在諸多因素的考慮之下，促成了西元一四〇五年六月「鄭和下西洋」的壯舉。鄭和七下西洋，前後持續二十九年，行蹤遍及亞非十幾個國家，時間之早，規模之大，都是後來的哥倫布（西元1451-1506年）和麥哲倫（西元1480-1521年）所不及的，不僅增加了中國與南洋各地的聯繫，也傳播了中華文明，影響十分深遠。

第85個

知行合一倡行者——王陽明

明成祖朱棣是一位很大氣的君主，即位之初，他就決心要完成父親朱元璋未竟的事業，那就是要把明朝發展成一個多民族的龐大帝國，為了達成這個目標，他外交與軍事雙管齊下，特別是從他五次親征漠北（還都是遠征），就可看出他的雄才大略。

朱棣在位二十二年，「永樂」是他的年號。在他即位的那一年，為了穩固政權，爭取官僚士大夫的支持，並顯示其不凡的文治武功，朱棣下令要編輯一部超越前代的大型類書，這就是歷時四年、一共有三千多人參與其中才完成的《永樂大典》，一共有兩萬多卷，一千一百冊，內容極其豐富，不但涵蓋了經史子集，還收錄了許多實用、科技以及民間的著作，是中國有史以來最大的一部綜合性類書。

朱棣之後，仁宗在位僅僅十個月就病逝，接著是宣宗，在位十年。隨著宣宗的過世，盛極一時的大明王朝也開始走向衰落，之後的明王朝，不是宦官專權就是奸臣當道，把一個偌大的王朝弄得內憂外患。作為統治思想的程朱之學也日趨僵化，逐漸喪失了維護封建統治的作用，統治階層急需一種新的思想工具，王守仁的「陽明心學」就是在這樣的時空背景下而產生。

王守仁（西元1472-1528年），浙江餘姚人，字伯安，號陽明，世稱

「陽明先生」，或稱他為「王陽明」。他出身於官宦之家，二十八歲中進士，但是他並不是書呆子，而是文武全才，還多次鎮壓江西、廣西等地人民的暴動，並平定過寧王朱宸濠的大規模叛亂，封新建伯，官至南京兵部尚書。

王守仁早年也信奉程朱理學，但總覺得有所不足，不得要領。三十七歲那年，因反對專權的宦官劉瑾而被捕下獄，

被打了四十廷杖，並被貶謫為貴州龍場驛丞。在龍場驛，他日夜靜坐沉思，有一天終於悟出了「心即理」的道理，並找出了程朱之學的問題所在。這就是後來世人所說的「龍場悟道」的典故。

王陽明說：「心外無物，心外無事，心外無理。」也就是說，如果離開了心，沒有了人的心，世界根本就不存在。所以，「心」才是一切天地萬物的本體，所有的物、事、理都是人心所固有的，人心想什麼，什麼就是物。因此，王陽明進一步提出了「良知」說，他說，「知是心的根本，心自然會知。」比方說，看到父母知道要孝敬，看到小孩子掉進井裡，自然會知道憐憫，這就是良知。王陽明並且強調，「吾心之良知，就是天理也。」「良知」是人們心中所固有的、萬物的根源，是衡量一切是非的標準，所以人們應該永遠保持良知，使它不受到私欲的蒙蔽。

緊接著，王陽明又提出「知行合一」的觀點，也就是說，知就是行，行就是知，知和行沒有區別，只不過「知是行之始，行是知之成」，當我們產生了一個不好的惡念的時候，不能掉以輕心，因為這個惡念既然已經存在，其實就已經是行了，必須馬上克制，不要使這個惡念潛伏在心中，否則就有可能為我們的行動帶來惡果。

因此，在王陽明看來，「致良知」是修養成為聖賢的途徑和方法；「致」有「推展到極點」的意思，「良知」就是我們與生具有的道德和是非觀念。「良知」雖然是天生的，但是由於「物欲」和「私欲」的遮蔽，人們就有可能產生一些不道德的行為，所以我們需要透過內心修養的功夫，盡可能的擴充善念，去除惡念，從而恢復和保持良知，使良知不會喪失，這樣我們就不會發生與良知相違背的言論與行動。這種「致良知」的學說，其實也就是想藉助道德教化的力量，加強對人心的控制。

由於王陽明是繼承孟子、陸九淵一脈的傳統，所以後人把王陽明和陸九

淵的學說並稱為「陸王心學」。陸九淵（西元1139-1191年）是與朱熹同期的思想家，其學說以「尊重德行」為主，世人稱為「象山先生」。

到了明代中後期，「陸王心學」一度取代了程朱理學而成為官方哲學，對中國封建社會後期的意識形態產生了巨大影響，甚至還遠播海外，至今「陽明心學」對日本社會仍有廣泛的影響。

第86個

《本草綱目》——李時珍留給後世的中國醫藥寶典

李時珍（西元1518-1593年），字東壁，蘄州（今湖北蘄春西南）人，是明朝卓越的藥物學家，也是世界上最偉大的科學家之一。他用了二十七年才完成的鉅著《本草綱目》，四百多年

以來、甚至一直到現在都還造福著世人。

李時珍出身於醫學世家，祖父和父親都是醫術高明的民間醫生，在這樣的環境薰陶之下，李時珍從小就對醫學產生濃厚的興趣。他在十四歲的時候就考中了秀才，但是接下來就再也沒有考出好成績。雖然奉父命一連又去考過三次舉人，但是都沒考上，讓年輕的李時珍認為科舉是一條死胡同，不願意再花時間和心力耗在上面，決心從事自己真正的志趣——醫學。

二十四歲開始，李時珍正式跟隨父親學醫，他非常認真，為了能夠做一個好醫生，他在行醫之餘花了大量的時間研讀古代眾多的醫書和藥書，並且認真勤做筆記，經過十年的苦讀，他所做的筆記就裝滿了好幾個櫃子。從這段漫長的鑽研的歲月，加上向父親習醫、以及與父親一起出診的經驗，讓他深深感受到好多古代醫書，特別是藥書上所記載的資料，都有修正的必要，否則若醫師一直根據錯誤的資料開藥，輕則達不到預期的效果，使病人受無謂的苦，重則甚至可能危及病人的性命。

於是，在西元一五五二年，李時珍三十四歲這一年，他開始撰寫一部最新、最可靠的藥學寶典，這就是《本草綱目》。

四年後，李時珍有機會到官方的太醫院工作，這對他個人來說當然是一件好事，但是由於朝廷不支持他撰修《本草綱目》的工作，所以沒多久李時珍就辭職回家，還是回到他的書齋繼續進行撰修《本草綱目》。這份工作成了他生命價值之所繫，他決心一定要用最大的努力，盡可能的做到盡善盡美。

埋首書堆的日子又持續了將近十年，為了使《本草綱目》的內容更加翔實，李時珍覺得自己必須走出書齋，到外頭去進行實物考察才行。因此，他在西元一五六五年，除了「讀萬卷書」之外，他也開始展開「行萬里路」。想想看，這個時候他已經四十八歲了，以古人的眼光來看，已經是一個上了年紀的人，不好好在家舒舒服服的待著，偏偏要到外頭東奔西跑，簡直就是吃飽了撐著嘛，實在是太想不開了！但是，李時珍為了採集更豐富的藥材標本，並且收訪民間藥方，還是毅然決然的決定動身。

兒子李建元、還有徒弟龐憲與他同行。他們遠離城市往鄉村走，愈是偏僻的地方愈好，因為在野外才可能找到比較多的藥材。每到一個小鎮，或是只要是在野外看到有什麼人家，他們一定會盡量跟當地的老百姓打交道，特別是跟農民、漁民、樵夫、果農、獵人等虛心請教，一方面收集過去書上所沒有的藥材，一方面還要求證和實驗。

譬如，有一次，李時珍聽說武當山裡有一種榔梅，有返老還童之效，每年都要作為貢品進獻到宮中，一般老百姓不許採摘。李時珍不相信會有這樣的野果，就斗膽冒險去偷採了幾枚，然後仔細研究，最後他發現這種野果除了可以生津止渴之外，並沒有什麼其他特別的藥效，於是就把這個結果真實的記錄下來。

除了這一次偷採野果，李時珍等三個人為了到處尋找藥材，經常都要冒很大的危險在荒郊野外、甚至懸崖峭壁行動，有時碰上了土匪強盜，連人身安全都得不到保障。

就這樣，在整整二十七個年頭裡，為了編寫《本草綱目》，李時珍參閱了八百多種書籍，走過幾萬里路，先後到過湖廣、江西、江蘇、安徽等省，以及武當山、茅山、牛首山、龍峰山等藥材豐富的山區，請教過的民眾達上萬人之多，記下了幾百萬字的筆記。並且經過三度修改，到了西元一五七八年，《本草綱目》終於定稿完成。這個時候，李時珍已經是一位六十一歲的老人。

《本草綱目》分五十二卷，一共一百九十多萬字。全書分為十六部，六十二類，收錄藥物一共一千八百九十三種（其中有三百七十四種是李時珍發現的新藥材），載入藥方一萬一千零九十六帖，並附有動植物插圖一千一百一十幅。《本草綱目》內容之豐，為古代任何一部藥學典籍所望塵莫及，儘管當時因為時代的限制，書中不免仍有一些迷信和錯誤，但整體而言仍然是瑕不掩瑜。特別是書中所收載的藥物，都是以自然屬性重新做了分類，這種把藥物的生態、形態、特性和藥物應用相結合的分類方法在世界上還屬首創。

《本草綱目》不僅是對於前人在藥物學方面的一個總結，也反映出明代醫學和藥物學的新成就，從而提高了中國整體的醫藥水準。

十七世紀初，《本草綱目》流傳到日本，之後又傳入朝鮮半島以及歐洲各國，陸續被翻譯成法、德、英、俄等多種文字，對世界藥物學和植物學的發展也都產生了重大的影響。

第87個

抗倭名將戚繼光

戚繼光（西元1528～1587年），是明朝抗倭名將，也是民族英雄，還是一個了不起的軍事改革家。

他的祖籍是安徽定遠，明嘉靖七年出生在山東登州（今山東蓬萊）。

在他出生的時候，他的父親已經五十六歲了，儘管老來得子，父親對他卻沒有一點溺愛，管教非常嚴格，還早早就在一面牆上題著「忠孝廉潔」四個大字，以此教育戚繼光。

西元一五四四年，十七歲的戚繼光承襲父職，做了登州衛指揮僉事，從此展開長達四十多年的戎馬生涯。西元一五四八至一五五二年，戚繼光防守薊門（今河北薊縣），期間他參加山東鄉試，中了武舉。西元一五五三年，二十六歲的戚繼光被提拔為都指揮僉事，管理登州營、文登營、即墨營以及這三個營所屬的二十五個衛、所，專任防禦山東海上倭寇的責任。

什麼叫作「倭寇」？「倭」，是矮個子的意思，「寇」，則是盜匪的意思；「矮個子的盜匪」，這其實就是對日本海盜的稱呼，因為日本在唐朝之前就是被叫作「倭奴國」。

元末明初開始，日本海盜就經常侵犯中國沿海。由於明朝實行了海禁政

策，阻礙了日本與中國的通商，日本某些大諸侯便開始大力資助一些武士和商人，慫恿他們到中國東南沿海進行武力搶掠。歷史上稱這些日本海盜為「倭寇」。

明朝中期以後，由於國力日衰，使得東南沿海一帶武備廢弛，倭寇便日益猖獗。到了明朝嘉靖年間，倭寇已經成為明朝非常頭痛的一大禍害。就在戚繼光被擢升為都指揮僉事的這一年，竟然有成千上萬的倭寇從山東一直到廣東沿海，到處橫行劫掠，屠殺中國百姓，不但沿海數千里同時告急，倭寇甚至還深入到浙江和長江南北地區，長達三個月之久，所侵犯和焚掠的州縣衛所達三十多處，十分惡劣和囂張。

就在這種形勢非常嚴峻的情況下，二十六歲的戚繼光來到山東，主持抗倭。他看到山東海防衛所非常殘破，軍事更是嚴重缺乏訓練，決心要先整頓海防，以此作為抗倭工作的起點。

戚繼光一方面大力修建海防衛所，一方面整肅軍紀，加強訓練；相對來看，整頓紀律的工作還更難一些，因為士兵們多半都比他年長，根本不把戚繼光這個年輕的將領放在眼裡。對於這個現象，戚繼光毫不猶豫用嚴格的執法態度樹立自己的權威。有一次，他的舅父違反了軍紀，本來還想倚老賣老，沒想到戚繼光並沒有寬容，加以嚴懲。就這樣，經過兩年的整頓之後，山東沿海防務總算有了大幅改進。

西元一五五五年七月，戚繼光被調到浙江，不久被提拔為參將，負責鎮守寧波、紹興和台州三府。翌年九月，八千多名倭寇大舉進犯龍山所，威脅到省城杭州的安全，戚繼光領兵迎敵，這一仗打得非常辛苦，儘管明軍在人數上占有極大優勢，是倭寇人數的十倍之多，戰鬥力卻遠不及倭寇，被倭寇殺得節節敗退。危急關頭，戚繼光跳到一個高處，對著倭寇連發三箭，射死三個倭寇頭目，情勢才有所逆轉。這一次交戰，戚繼光雖然取得了小勝的戰果，但是他深刻的體認到，如果想要徹底打敗倭寇，需要盡快建立起一支經過嚴格訓練的軍隊。於是，他上書〈練兵議〉，懇請朝廷批准他招募兵馬，朝廷同意了。戚繼光便立刻在金華、義烏等地招募了三千名「鄉野老實之人」，就是一些勇敢可靠的農民和礦工，建立起一支紀律嚴明的「戚家軍」。

戚繼光親自教士兵們使用各種兵器，還教他們種種作戰方陣。經過十二年的艱苦奮鬥，終於平定了東南沿海的倭寇之患。戚繼光自己非常勇敢，在戰場上，他也絕不允許他的士兵怯懦。每次作戰，戚繼光都規定士兵們只要聽到鼓聲就一定要前進，一定要奮勇殺敵，絕不可以後退，否則依軍法斬首。他的次子，後來就是因為違反了軍法，果真被戚繼光含淚斬首！還有一次，戚家軍受到包圍，後隊有幾百人眼看情勢不妙，想乘機溜走，戚繼光橫刀立馬，占據路口，瞪眼怒喝道：「大丈夫當以死卻敵，哪裡跑！」說完，

手起刀落，迅速將領頭逃跑的十四個人斬首，其餘的士兵見狀，嚇得渾身戰慄，只得趕緊回到戰場拚死搏鬥，終於合力將倭寇擊潰。

明穆宗隆慶二年（西元1568年），四十歲的戚繼光北調，總理薊州、昌平、遼東、保定軍務，與北方韃靼騎兵作戰。戚繼光真是一代武將，不但能打來自海上的倭寇，也能打騎馬的韃靼，自從他北調之後，他同樣整修武備，同樣嚴格練兵，自此長達十六年，韃靼騎兵都不敢再輕舉妄動。

西元一五八二年，戚繼光又離開了北方，回到南方，調防廣州，這個時候他已經五十四歲了。早年在

東南沿海的抗倭作戰中，他得了關節風寒之病；在北方對付韃靼的時候，又因操勞過度，得了肺病，結果，他回到廣州之後過了三年就舊病齊發，不得不辭職回家。又過了兩年左右，戚繼光就病死了，享年六十歲。

回顧戚繼光的一生，他的赫赫戰功所憑藉的不只是勇敢或是奇謀，而是軍事改革。這位生活在四百多年前的武將，顯然很有現代化的作戰概念，他懂得改進裝備、編練新軍、健全防務、協同整體作戰，還寫下兩部軍事理論著作——《紀效新書》和《練兵紀實》，實在是一位文武兼備、不可多得的軍事家。

第88個

明朝第一大政治家——張居正

西元一五七二年，明穆宗去世，九歲的太子朱翊鈞懵懵懂懂的被抱著坐上龍椅，接受百官朝賀，成為明朝開國以來第十三個皇帝，這就是明神宗。

朱翊鈞在即位前的

幾個月才剛被冊封為太子，五歲的時候就開始讀書，這在大明歷代皇子中算是特別早的了。登基之後，課業更加繁重。他的老師，就是日後為明朝力挽狂瀾、嘔心瀝血的名相張居正。

張居正（西元1525-1582年），字叔大，號太岳，江陵（今湖北沙市郊區）人，祖先是安徽定遠人，曾經追隨過開國元勛徐達。張居正自幼聰敏過人，十二歲就考中秀才，被鄉里稱為神童，後來，十六歲中舉，嘉靖二十六年（西元1547年），也就是在他二十三歲的時候中進士，從此步上仕途。

中了進士以後，張居正最初是在翰林院任編修，當時正是嚴嵩當權，政治十分腐敗。嚴嵩四十八歲才進入朝廷，此人是標準的奸佞，只會阿諛奉承，毫無治理國家的能力，很快就把國家弄得亂七八糟，崛起的北方民族看準明朝朝政混亂，國力大不如前，甚至已開始乘機入侵。年輕的張居正雖有一肚子的學問和滿腔的報國熱忱，卻苦無機會，只得辭官回家。

張居正在家鄉一待就是三年。在這三年之中，他並不是歸隱，也不是遊山玩水，而是深入民間研究老百姓的疾苦，這使他益發感覺到許多問題的嚴重性，想要拯救時局的心情也益發迫切。西元一五五七年，張居正再度回到北京，再次投入激烈的政治鬥爭之中，為了站穩腳跟，先逐漸掌握實權，再實現改革的理想，「涉足政治鬥爭」是張居正不得不面對的一個局面。

明世宗去世以後，穆宗皇帝時期，張居正向朝廷上了〈陳六事疏〉，雖然切中時弊，也可看得出張居正對於振興朝政的思考十分全面且深入，但可惜並沒有被採納。

穆宗是一個沒有抱負、也沒有什麼責任感的皇帝，只顧自己縱情聲色，結果年紀輕輕的居然就因中風死去，得年僅三十六歲。不過，穆宗的死，給張居正帶來了契機。經過一番政治鬥爭之後，張居正擊敗了對手，取得了兩位太后的信任，並獲得大宦官馮保的支持，取得了內閣首輔（也就是掌握實權的宰相）的位置。從這個時候開始，張居正一方面盡心盡力的教育小皇帝神宗，還特別親自為他編寫講義，另一方面他終於可以開始大刀闊斧實行改革了。為了這一天，張居正已經等待了二十幾年。

張居正的改革，首先從整飭吏治著手。因為目睹了嘉靖、隆慶（世宗、穆宗）時期的混亂政局，張居正認為吏治腐敗是一切問題的根源，於是大力加強集權，重振綱紀。為了提高行政效率，張居正頒布了「考成法」，對所有官吏實行逐級考核（以今天的話來說，就是公務員年終要打考績），透過這樣的考核，很容易發現冗員以及績效不彰的官員，因此就可以進行裁撤或懲處。當然，對於表現比較好的官員，也會給予獎勵。

在提高朝廷行政效率的同時，張居正針對邊防也提出了新的方針。一方面加強北邊防務，提高軍事抗擊能力，支持戚繼光等名將整頓軍備；另一方面則努力改善漢蒙關係，積極加強友好往來。事實證明，張居正有關邊防的

策略是相當成功的。

在內政方面，最大的問題在於財政，因此經濟改革就成了張居正改革的重點，也成為張居正最大的改革成就。

明朝中葉以後，土地兼併的情況愈來愈嚴重，再加上戶籍混亂，政府徵收稅額日益減少，更糟糕的是，面對政府的徵收，地方上的豪強地主為了自己規避納稅，竟然想方設法把賦稅轉嫁到農民身上，使得平民負擔不合常理的重稅。為了解決這個問題，張居正決心進行賦稅改革。

改革之前，張居正先下令清丈全國的土地，同時選派精明能幹的官員嚴厲清查漏稅的田產，然後追繳欠稅。兩年左右，朝廷就丈出土地七百多萬頃，朝廷的賦稅收入因此大增，使得國家的財政危機馬上得到緩解。接下來，張居正又於萬曆九年（西元1581年）下令在全國推行「一條鞭法」，就是把一部分差役轉到地畝中，並可以繳納代役銀，又規定賦稅、差役合編為一，這麼一來，不但簡化了徵收項目和手續，官吏也不容易從中舞弊，在一定程度上減輕了農民的負擔。

「一條鞭法」是中國賦稅制度的一大變革，其實早在嘉靖、隆慶年間就已經開始在一些地區實行，但是因為觸及到一些大地主的既得利益，遭受到的阻力很大，而當時的吏治又黑暗，所以沒有辦法獲得很好的成效，而張居正因為是先整飭了吏治，使得朝廷的所有法令都能得到徹底的執行，因此推行「一條鞭法」的成效也就很明顯。

此外，張居正還任用著名的水利專家潘季訓督修黃河，消除了黃河水患，使得許多本來已廢棄多時的棄地居然都搖身一變成為良田沃土；而南方的船隻也可直達北京，水利獲得了極大的進展，對於刺激經濟自然也發揮了很大的作用。

經過張居正十年的努力，明朝末年不論是在吏治、財政還是軍事，都出

現了好轉的跡象，張居正也因此被認為是明朝最權威的宰相以及最傑出的政治家。

可惜，張居正在萬曆十年就過世了。他一過世，生前的政敵開始迫不及待紛紛彈劾他，連神宗皇帝也非常無情的追奪他的官爵封號，還查抄其家產，後來，張居正的長子被迫自殺，其他家人也都遭到迫害，實在是令人為之唏噓不已。

第89個

吸收西學的先驅——徐光啟

幾何、點、平行線、曲線、銳角……你知道這些名稱已經有多少年的歷史了嗎？答案是：到今年（民國100年）為止，已經四百零五年！定下這些名稱的人，是明末崇禎皇帝時期的宰相徐光啟。

明代中後期至清初，西方正處於文藝復興時期的後期，歐洲封建制度走向解體，資本主義迅速崛起，科學文化的發展處於世界領先地位，而隨著大

批傳教士的足跡，西方科學也在這時傳入中國，這是中國歷史上一次非常重要的中西文化交流，史稱「西學東漸」。可惜在當時很多人並不了解學習西學的必要與急迫性，徐光啟則是極少數非常有遠見的人，後來被世人尊稱為「吸收西學的先驅」。

徐光啟從自己學習西學的經驗，悟出數學是一切科學的基礎，當他一聽傳教士利瑪竇說古代希臘數學家歐基米德有一本拉丁文著作，影響歐洲深遠，可惜很難譯成中文，便下決心花了一年的時間，要將這本書翻譯出來，這本書就是於十七世紀初、西元一六〇六年出版的《幾何原理》。書中所述的點、線、面等數學名詞，都是徐光啟在聆聽利瑪竇的講解之後，自己揣摩然後定下的，出奇的貼切，一直沿用至今。

徐光啟在西元一六〇〇年結識利瑪竇，三年後入了天主教會，開始接觸西學，但是能夠有機會積極且大量的向利瑪竇學習西方科學，全是在西元一六〇四年中了進士，來到北京入翰林院以後的事。

徐光啟生於西元一五六二年，中進士那年已是四十二歲，算是大器晚成。他出身上海一個貧苦的農家，十九歲與吳氏成親以後，為了維持生計，做了十幾年的教書先生，但是他向來胸懷大志，把握一切時間博覽群書，對於農學的研究更是一直沒有停過。

中了進士之後，接下來長達二十五年的時間，徐光啟雖然先後在翰林院、詹事府和禮部任職，但由於同僚的排擠，沒能掌握什麼實權，徐光啟對於政治爭鬥也沒有什麼興趣，所以這段時期基本上都是在天津以及自己的家鄉從事農學研究和實驗，以及翻譯和著書，著名的《幾何原理》和《農政全書》就是在這個時期譯成和完成的。

除了翻譯《幾何原理》，徐光啟也自己撰寫了《九章算法》、《讀書算》、《定法平方算數》等等，徐光啟的數學成就使中國傳統數學得到了振興和發展。

《農政全書》是中國古代農業科學最完備的一部總結性著作。徐光啟一生奮鬥的目標就是「富國強兵」。他推崇「農本思想」，認為農業是國家富強之本。明末發生了不少自然災害，在多達六十卷、分為十二個類目，內容非常豐富的《農政全書》中，徐光啟不但大量閱讀史料，還以科學精神進行很多實驗，然後做出很多系統性的分析，並且對症下藥，具有極高的精確性和實用價值。譬如，在他所寫的蝗蟲生活史中所提出來的一套治蝗方案，即使在今天看來仍然正確無誤。

想想徐光啟是生活在三、四百年以前的人，真教人不得不佩服！

此外，「南稻北移」也是徐光啟的一大貢獻。過去普遍都認定中國北方不宜種稻，但是徐光啟透過在天津的實驗，終於成功的將南方稻米北移種植，從而改變了全國糧食生產分布不合理的現象。

再比如甘薯的普及，也是徐光啟的功勞。甘薯又名山芋、番薯、紅薯、地瓜等等，現在不同的地區有不同的叫法，是相當重要的蔬菜來源，原產地在美洲，明朝萬曆年間傳入福建。徐光啟認為這是一種簡單易種的高產量作物，萬一發生重大的自然災害，它能發揮很大的救災作用，便決心將甘薯普及化。他先成功的將甘薯從福建引種到上海，再繼續往北方推廣。後來事實證明，甘薯的引進以及在全國推廣，是中國農業史上的一場變革，對以後中國社會的發展產生了很大的作用。

西元一六二九年，徐光啟升任禮部左侍郎，負責主持禮部事務，總算當上了所謂的大官，這個時候徐光啟已經六十八歲了。以後又歷遷禮部尚書、內閣大學士。也就是從西元一六二九年開始，徐光啟主持修訂曆法，編修《崇禎曆書》，後來《崇禎曆書》雖然因為徐光啟的過世而擱置，但仍是徐光啟晚年最重要的政績。

編修《崇禎曆書》是一個相當艱鉅的工程。中國古代在天文曆算方面本來一直是世界頂尖水準，但是到了明末，由於年久失修，曆法已經很不精確，徐光啟自從接下編修曆書的任務，便決心要使中曆超過西曆。這些繁複的觀測演算工作十分辛苦，徐光啟又堅持嚴謹的科學態度，不顧自己高齡，總是親自登上天文台觀測，有一次竟失足從天文台上摔下來，摔傷了腰腿。

《崇禎曆書》可以說總結了我國古曆的成果，吸收了西曆的優點，為中國以後三百多年的曆法工作打下了堅實的基礎，就連我們今天的農曆，都是在《崇禎曆書》的基礎上修訂而成的。而徐光啟所繪製的《恆星曆指》更是當時全世界最完備的恆星圖。

在實際天文觀測中，徐光啟是中國天文歷史上第一次使用天文望遠鏡觀察天體的人，比義大利天文及物理學家伽利略（西元1564-1642年）只晚了二十年左右！

民國初年的歷史學家梁啟超曾說，在中國歷史上有兩次最重要的中西文化的接觸，一次是晉、唐時期佛學的傳入，另一次便是明朝末年曆算學的東來，而後者更是值得大書特書的。梁啟超還說，在他看來，清代學者顧炎武等人喜歡談經世致用之學，應該是受到利瑪竇、徐光啟等人不小的影響。徐光啟被稱為中國歷史上「吸收西學的先驅」或是

「近代科技先驅」，真是當之無愧。

不少近代史學家都認為，徐光啟可以說是歷史給明朝的最後一個機會，甚至是給中華民族的一大機會。因為在明朝末年，中國落後西方還不算太遠，徐光啟卻已經能敏銳的察覺到危機的存在，於是身體力行，大聲疾呼，可惜當時像他這樣的先知實在是太少了，以至於落後的中國到頭來白白錯過了趕上西方的一次大好機遇。

西元一六三三年，徐光啟病逝於北京，享年七十二歲。

第90個

清朝的建立以及入主中原

明末清初的歷史有一點複雜。我們要先弄清楚四件事：

◆ 清朝是在西元一六三六年，清太宗皇太極正式稱帝之後所建立的。皇太極在定族名為「滿族」的同時，也改國號為「大清」。當時明朝在位的是思宗朱由檢，他的年號是「崇禎」，所以一般也習慣稱他為

「崇禎皇帝」，他是明朝最後一任皇帝。

清朝入主中原是在王朝建立八年以後的事。皇太極死後，清世祖福臨（皇太極的第九子），他的年號是「順治」，所以一般也稱他為「順治皇帝」，他於西元一六四四年九月把都城從東北的瀋陽遷至北京，這才正式入主中原。

◆明朝並不是被清朝所滅。明朝末年，因為朝廷腐敗，民不聊生，百姓紛紛起義。西元一六三〇年，農民李自成（就是後來的「闖王」）起義，很快就號召了數十萬人。十四年後，西元一六四四年，李自成攻下北京，崇禎皇帝眼看大勢已去，在紫京城後面的煤山自縊，這一年，明朝就算滅亡了。

◆在李自成攻下北京之前，其實清太宗皇太極早就想進入關內，把明朝取而代之，但總是受阻於山海關而未能成功。西元一六四四年，這個時候皇太極已死，清朝在位的順治皇帝年紀太小，只有五歲，由多爾袞攝政，多爾袞一聽說崇禎皇帝死了，接受大學士范文程（北宋名臣范仲淹的後代）的建議，及時調整策略，打著要為崇禎皇帝報仇的旗號，想乘機進取中原。本來清軍大隊人馬打算迂迴前進，繞開棘手的山海關，不料行軍途中竟遇到山海關守將吳三桂派來的使者，原來當吳三桂聽說李自成攻破北京，還擄走了自己的愛妾陳圓圓，氣瘋了，於是寧可降清也要對李自成報仇。這就是「衝冠一怒為紅顏」的典故。結果，清軍就在吳三桂的的帶領之下長趨直入，進入山海關，並且大敗李自成。同年九月，小皇帝順治就來到北京，舉行開國大典，宣布清王朝正式統治全國。所以，清王朝多年來入主中原的雄心，實際上是由順治時期的攝政王多爾袞完成的。

現在，我們回頭再補充一些明末清初這段歷史。

滿族的前身是女真族。「女真」這個稱呼是在五代以後才有的，之前有很多不同的稱呼，是生活在東北地區的一個古老民族。女真族是中國歷史上少數民族政權中，唯一兩度進入過中原進行統治的民族。第一次是在西元一一二七年，女真族完顏部首領阿骨打建立的金朝，滅了遼國和北宋，在中原地區統治了一百多年，然後被南宋和蒙古聯合消滅；第二次就是時隔五百年左右進入中原的清朝，清朝的創建者是清太祖努爾哈赤（西元1559-1626年）。

滿族的主體是建州女真，定居在赫圖阿拉（今遼寧一帶），在明朝的時候接受明朝的管轄，定期交納貢賦。努爾哈赤姓「愛新覺羅」，出生於建州女真的一個貴族家庭，他的祖先從元朝被封為萬戶開始，就世代為官。到了明朝初年，他的六世祖猛哥帖木兒被明成祖封為建州衛指揮使，並率部落南遷到圖門江下游（今北韓會寧）定居。

女真部落之間，互相征伐兼併的事情一直時有發生，到努爾哈赤出生之際，這種情況仍然相當嚴重。努爾哈赤在十歲的時候，母親病逝，繼母對他們很不好，後來，少年努爾哈赤就帶著十歲的弟弟憤而離家出走，投奔外祖父王杲。王杲是建州女真部落中著名的首領之一，漢化程度比較深，在王杲的影響之下，努爾哈赤學會了漢語和漢字，也結識了不少漢人。

王杲憑藉著自己的實力，愈來愈不願意向明朝稱臣。西元一五七四年（明神宗在位期間），明朝遼東總兵李成梁率兵消滅王杲，王杲及其家屬被殺，少年努爾哈赤情急之下跪在李成梁的面前痛哭流涕，李成梁因此放他一馬，並且還把他收為隨從和侍衛。從小就練習騎射的努爾哈赤，每次在戰鬥中又都表現得非常英勇，深受李成梁的喜愛，不久李成梁便把努爾哈赤收為養子。

但是，其實在努爾哈赤的心裡，對於外祖父被李成梁所殺懷恨在心，三年後，他藉口要回家成親，離開了李成梁，並且在結婚之後就自立門戶，再也不回那個家了。在接下來的六年裡，努爾哈赤遊歷於遼東地區，無論是生活閱歷或軍事才能都得到充分的鍛鍊。

到了西元一五八四年（明神宗萬曆年間），努爾哈赤二十五歲的時候，由於父親和祖父在一次明軍討伐女真部落的時候意外被殺，努爾哈赤非常憤慨，向明朝駐邊境官吏質問，那個官吏自知理虧，便提出讓努爾哈赤襲祖父之職的建議，讓他擔任建州左衛都指揮使。努爾哈赤強忍住心頭怒火，接受了明朝的安撫。但他隨即就在同年展開統一建州女真的大業，因為，他知道若想要報仇、若想要與明朝對抗，他就必須先統一女真。

西元一五九三年，努爾哈赤完成了建州女真的統一。西元一六一六年，努爾哈赤建立了後金。西元一六一八年，努爾哈赤宣讀「七大恨」，誓師伐明，這一年，努爾哈赤已經五十九歲了。

其實，在「七大恨」中，只有「一恨」——「無端殺我父祖」是努爾哈赤的個人恩怨，其他的「六恨」都是芝麻綠豆的小事，努爾哈赤只不過是要找一些對明朝用兵的理由罷了。

就在發動對明戰爭之後不久，努爾哈赤就在「薩爾滸之戰」中擊潰了明軍。「薩爾滸之戰」也是軍事史上有名的以少勝多的經典戰役，明朝和後金之間的軍事力量從此發生了關鍵性的逆轉。

西元一六二〇年，明朝在位最久的皇帝神宗去世（在位四十八年），兒子光宗朱常洛即位，但做了一個月的皇帝後也死了。光宗的長子朱由校即位，這是在崇禎皇帝之前的熹宗。

西元一六二一年春天，努爾哈赤又在「遼瀋之戰」中取勝，取得了整個遼東地區。後來幾經征戰又奪取了遼西地區。從此，努爾哈赤就將進攻的矛頭對準了山海關。

明朝在吃了幾次大敗仗之後，任用了名將袁崇煥參與對後金的防守。袁崇煥一上任，就向當時的主帥孫承宗提出「守山海關必須先守寧遠」的建議，並重建了寧遠城，以及錦州、松山等城池，並分別派兵防守，建立起一條以寧遠和錦州為中心的防線。

後來，明朝內部由於黨爭（在明朝後期，「東林黨」與「閹黨」的黨爭是政治焦點，以顧憲成等為首的東林黨人為挽救明朝危機做了很大的努力），孫承宗被調走，甚至朝廷還下令要錦州等地的守軍全部退回關內，但是，袁崇煥堅持留在寧遠。與此同時，努爾哈赤在得知明朝朝廷竟然如此不明智的撤換主帥、又把防線全線後撤，認為是一個大好機會，決定立刻出兵。

西元一六二六年年初，還沒過完新年，努爾哈赤就親率十幾萬大軍向遼西殺來，而且很快就殺到了寧遠城下。袁崇煥臨危不亂，率領不到三萬的士兵堅守寧遠城。經過三天三夜的激戰，後金士兵死傷無數，連努爾哈赤自己都受了傷，可是寧遠城卻仍然固若金湯。

這是努爾哈赤馳騁疆場以來，第一次吃了敗仗，據說令努爾哈赤飽受打擊，難以接受，撤回瀋陽之後不久，年近七旬的努爾哈赤就一病不起，在當年就過世了。

清太宗皇太極即位，繼續發動侵明戰爭。皇太極知道袁崇煥是他進軍最大的阻礙，就利用閹黨與袁崇煥之間的矛盾，離間當時在位的崇禎皇帝與袁崇煥，讓崇禎皇帝誤以為袁崇煥與皇太極勾結，竟把袁崇煥下獄處死！

後世史家大多認為，袁崇煥其實是明朝抵禦清朝的最後一道長城，如此忠心耿耿、用兵如神的戰將被處死，明朝的覆亡可說是指日可待了。

第91個

康熙皇帝——奠定中國今日版圖

聖祖康熙皇帝（西元1654-1722年），他的名字叫作愛新覺羅玄燁，「康熙」其實是他所使用的年號，但一般都習慣稱他為「康熙皇帝」。他是清朝入關之後的第二個皇帝，他就是在紫禁城出生的。

康熙是中國歷史上在位最久的一位皇帝，他八歲登基，至六十九歲辭世，一共做了六十一年的皇帝。他勵精圖治，日理萬機，是歷史上數一數二

雄才大略的君主。所謂「康乾盛世」，就是康熙皇帝所打下的基礎。「康乾盛世」也是封建王朝史上最後一次輝煌。

康熙是順治皇帝的第三子，他的生母不受順治皇帝的寵愛，連帶使康熙在幼年時期也備受父皇的冷落。康熙和當年明神宗一樣，五歲就開始念書了，每天天都還沒亮，他就得進書房念書，他年紀太小，連門檻都跨不過，還得靠太監把他抱進去。

康熙和祖母孝莊文太后的感情很深，孝莊文太后不但給了康熙一個孩子所需要的親情，也盡心盡力教育他。特別是在康熙八歲喪父，十歲又喪母以後，孝莊文太后更是悉心撫育康熙，不斷的期勉他認真自重，不要玩物喪志。康熙在小時候連一隻寵物都沒有，清宮中會出現許多供玩賞的小動物，都是康熙以後才開始的。

康熙登基的時候，由於年紀太小，除了太皇太后親自輔佐以外，還有四

個輔政大臣。其中有一個輔政大臣叫作鰲拜，野心勃勃，又很擅長玩弄權術，很快就把大權統統都攬在自己身上，根本就不把小皇帝放在眼裡，不僅和皇帝說話的時候口氣粗魯，態度蠻橫，還會擅自修改小皇帝的詔書，令康熙十分痛恨，很想除掉鰲拜。

但是，鰲拜是武將出身，有一身的好武藝，曾號稱「八旗第一勇士」（「八旗」制是清朝最重要的軍事和社會經濟制度，八旗子弟出則為兵，入則為民，實行民兵一體制），加上鰲拜勢力龐大，黨羽眾多，少年康熙知道一定要經過周密的策畫才能除掉鰲拜，否則自己恐怕會遭遇不測。

康熙在年滿十四歲親政之後，首先趕快先把鰲拜封為「一等公」，讓鰲拜放鬆警惕，以為自己十分懦弱。實際上，在親政之後，隨著與鰲拜之間的矛盾愈來愈深，康熙想除掉鰲拜之心也愈來愈強。

康熙不動聲色，以需要有人陪自己練武為名，從各王府選擇了一批子弟做他的侍衛，組成「善撲營」（就是類似摔跤之類的活動）。西元一六六九年五月十六日，在康熙親政的兩年以後，十六歲的少年天子威嚴的問這些陪他練武的少年侍衛：「你們是怕我還是怕鰲拜？」大家都說：「只怕皇上！」然後康熙就向大家歷數鰲拜的罪狀，大家聽了都非常憤慨，鼓譟著要殺掉鰲拜。於是，康熙就派人去召鰲拜進殿，說要鰲拜陪他下棋，不一會兒，鰲拜大模大樣的來了，才剛進殿，就被這些熱血沸騰的少年侍衛合力撲倒，然後用繩子綑得嚴嚴實實。

這就是歷史上有名的「智除鰲拜」。

除掉了鰲拜及其黨羽，拿回了大權，康熙馬上認真當起皇帝來了。綜觀他在位期間，確實是做了很多很多的事，文治武功都頗有建樹。在武功方面，特別重要的有以下幾項：

平定三藩之亂

所謂「三藩」，是明朝的三個降清將領，在清兵入關之後，竭力幫著清朝鎮壓反清勢力，後來被封為藩王，分別是平西王吳三桂，負責鎮守雲南；平南王尚可喜，鎮守廣東；靖南王耿繼茂，鎮守福建。不過，在「三藩之亂」中作亂的是吳三桂、尚之信和耿精忠。

西元一六七三年，康熙為了加強統一，下令撤藩。吳三桂首先舉兵叛亂，自稱周王，尚之信和耿精忠也立刻舉兵響應，三藩聲勢浩大的舉起反清的大旗，深受漢人的支持，短短數月之間，江南半壁江山就淪為三藩囊中物，連西北王輔臣、蒙古察哈爾王布爾尼見有機可乘，也起兵響應，這麼一來，造成南北呼應的局面，使清王朝受到嚴重的威脅。這時，有人建議殺掉當初主張撤藩的大臣來平息三藩之兵，年僅十九歲的康熙堅決反對，很有擔當的說：「如果有錯，朕一個人承擔。」隨即非常鎮定的親自坐鎮指揮，歷經八年，終於平定了「三藩之亂」。

此舉等於是再造了大清王朝，後世史家都認為，康熙取得這場勝利相當不易，甚至超越當初順治時期的入關，從此也徹底征服了所有明朝遺民的反清念頭，使王朝的統治更為穩固。

兩次雅克薩之戰

打敗了俄國侵略者，中俄雙方簽訂了「尼布楚條約」，從法律上肯定了黑龍江和烏蘇里江流域的遼闊土地都是中國的領土。

平定葛爾丹的叛亂

為了平定西北地區葛爾丹的叛亂，康熙三次親征，既挫敗了沙俄東進的陰謀，也穩固了對內外蒙古的統治，而且為繼任者雍正和乾隆經營新疆打下了堅實的基礎。

從康熙十三年至三十六年（西元1674-1697年）的二十三年之中，也就是康熙從二十歲至四十三歲這段期間，康熙顯赫的武功不僅穩固了大清王朝的統治，也奠定了中國今日的版圖。

此外，康熙熱愛科學，努力向南懷仁等傳教士學習西方科學，並以皇帝的權威在全國推行種痘法，這是治療天花極為有效的辦法，挽救了很多人的生命；他還發現、培育和推廣過雙季稻御稻種；他於西元一六六九年下令停止清初所實行的圈地政策，宣稱滿漢軍民一律平等對待；他開展了一項史無前例的偉大工程，下令採用比較先進的土地測量術和經緯度繪圖的方法來繪製全國地圖，這就是《皇輿全覽圖》，除了新疆少部分地區之外，對全國大多數省區都進行了測繪。這是中國歷史上第一部完全實測、比較精確的地圖集，也是世界地理測量史上的偉大成果之一。

但是，康熙在對百姓的思想統治方面非常厲害，從他在位開始，歷經雍正和乾隆三朝，見諸文字記載的文字獄就有七、八十起，迫使許多知識份子脫離現實，不敢過問或關心時事，對於文化乃至社會的進步都有負面影響。

第92個

清朝由盛而衰的關鍵——乾隆皇帝

說「愛新覺羅弘曆」（西元1711-1799年），你可能會覺得很陌生，但是一說「清高宗乾隆皇帝」，你可能就會覺得很熟悉了吧。沒錯，弘曆就是乾隆皇帝，

「乾隆」就是他所使用的年號。

弘曆從小就很聰明，六歲的時候就能背誦宋朝周敦頤的〈愛蓮說〉，祖父康熙皇帝第一次看到他的時候就很喜歡他，在他十一歲的時候，康熙皇帝就把他帶回宮中撫養，命自己的妃子照顧他。

有一次，小弘曆隨祖父到木蘭圍場打獵，一頭熊被打倒在地以後，康熙就命弘曆射死大熊，想讓心愛的小孫子在那麼多王公大臣的面前展現一下武藝，當小弘曆跳上馬，正準備要搭箭拉弓的時候，方才已經倒地的那頭大熊卻突然站了起來，把大家都嚇了一大跳，連聲驚呼，但是小弘曆卻一點也不慌張。後來，雖然侍衛都紛紛火速衝了過來，及時把熊殺死，但是一個小孩子在那樣的情況之下，能夠表現得那麼鎮定自若，還是令人嘖嘖稱奇，從此，康熙皇帝就更疼愛他了。

弘曆也很喜歡念書，年紀稍長，他最喜歡讀的書就是《貞觀政要》，對於唐太宗及其臣屬的許多嘉言善行非常佩服。而在祖父康熙皇帝的身邊成長，也使他深受康熙勤政愛民的影響，並且也很羨慕祖父能取得那麼了不起的豐功偉蹟，可以說自幼就立下也想建立一番偉業的雄心壯志。

西元一七三五年，雍正皇帝病逝，按雍正皇帝的遺詔，第四子弘曆繼位。這一年，弘曆二十四歲。從此，乾隆皇帝的時代開始了。

乾隆曾自稱是「文治武功第一人」，事實上，乾隆時期的政治、經濟、軍事和文化等等確實都達到了中國封建歷史上的最高峰。

首先，在文治方面，乾隆非常注意網羅人才，在乾隆元年就舉行博學鴻詞科，南巡的時候也經常詔試士子，讓很多有才華的讀書人都能以文才出頭。他親自批准建四庫全書館，支持由清代第一才子紀昀（也就是紀曉嵐）主持一共有五百多人參與的《四庫全書》的編撰工作，後來歷時十年終於完成，共收圖書三千五百〇三種，七萬九千三百三十七卷，基本涵蓋了中國歷代的重要著作，分為經、史、子、集四部，所收錄的書籍遠遠超過歷史上任何一部官修的大型類書，為中國古代思想文化遺產的一個大總匯，使得許多有價值的古代書籍得以保存和流傳下來。

在武功方面，乾隆也號稱是極盛時期。在他長達六十年的統治期間，先後有葛爾丹之役、回疆之役、大小金川之役、兩次廓爾克之役、緬甸之役、安南之役等等，這些戰役，不論是對內還是對外，都以清軍全面勝利而告終，乾隆為此非常志得意滿，經常誇耀自己的「十全武功」，到了晚年還自號「十全老人」。

清代康熙、雍正、乾隆三朝，前後一共一百三十幾年，最突出的成就就是奠定了中國遼闊的版圖，以及多民族的統一國家，這個局面是在乾隆時期最終穩定下來的。乾隆時期的疆域，東北至外興安嶺、烏第河和庫頁島，北達恰克圖，西北到巴爾克什湖和蔥嶺，南及南沙群島、西沙群島，東至台灣以及附近島嶼。

由於國家強盛，社會安定且富庶，人口自然不斷增加。乾隆六年，全國人口就達到一點四億人，已超過了歷史的最高峰值；到了乾隆六十年，全國人口則達到了二點九七億人。此外，乾隆時期無論是國家財政或國庫儲備，都達到了歷史上的鼎盛時期。

但是，乾隆在統治後期，逐漸奢靡，特別是對於頭號貪汙犯和珅寵信有加，不管和珅怎麼弄權貪汙，乾隆不是不知道，但就是不加以懲治，實在是令人不解。當時從皇宮到民間，大家對於和珅的貪汙弄權莫不咬牙切齒。等到乾隆一死，繼位的嘉慶皇帝登基之後所做的第一件事，就是立刻將和珅抄家，並將他賜死。和珅被抄的家產達到八億多兩白銀，金額之高，朝野上下包括嘉慶皇帝自己都非常震驚，所以當時還流行過這麼一句話，叫作「和珅跌倒，嘉慶吃飽」。

乾隆時期是整個清朝由盛而衰的一個重要轉折點。在康熙和雍正兩朝的基礎上，乾隆在他統治前期也還算是相當奮發有為，清朝的國力因而達到鼎盛。可是之後便由極盛而衰，到了乾隆末年，在「康乾盛世」的漂亮外衣下，其實已經暗藏著許多社會危機，包括吏治日趨腐敗、土地兼併問題嚴重、社會矛盾、衝突愈來愈多等等。乾隆在做了六十年的皇帝以後，本來可以一直做下去，做到老死為止，但據說他也不好意思看到整個大清王朝被自己搞得愈來愈糟，於是找了一個藉口，說不敢超過祖父康熙皇帝六十一年的統治，然後用這個冠冕堂皇的理由，趕快把皇位傳給兒子嘉慶（其實也等於是把王朝的爛攤子丟給兒子），自己則升任太上皇去了。

乾隆在繼續當了四年的太上皇以後，才在西元一七九九年，無疾而終，享年八十九歲。

第93個

偉大的現實主義作家——曹雪芹寫《紅樓夢》

林黛玉、賈寶玉、薛寶釵、王熙鳳、晴雯、襲人、賈母、劉姥姥……，兩百多年以來，這些栩栩如生的文學人物一直活在廣大百姓的心中，也早就深入至百姓生活的各個角落，成為文化的一部分；這些人物都是出自一部被譽為「曠世奇書」的《紅樓夢》。

《紅樓夢》不僅在中國文學史上具有崇高的地位，還形成專門的「紅學」，對於後世的小說創作產生深遠的影響；同時，這本書在國外也擁有獨特的地位，可以說是全世界人民的精神財富。

這部奇書的作者名叫曹雪芹，生卒年不詳，目前只知道他大概是出生於西元一七一五年，去世則大概是在西元一七六四年，壽命應在五十歲以內，是生活在清乾隆時期的一位了不起的文學家。「雪芹」是他的號，他名叫霑，字夢阮，除了「雪芹」，還有另外兩個號，分別是「芹圃」和「芹溪」。

他的先祖原來是漢人，但很早就入了正白旗內務府籍。曹雪芹的曾祖母，也就是曹璽之妻孫氏，被選為康熙皇帝的奶媽。或許就是因為這樣以及日後的其他因緣，康熙皇帝對曹家頗多照顧，曹家就是在康熙年間開始興盛起來的，從曹雪芹的曾祖父、祖父、父親，一連三代都世襲江寧織造；江寧

是今天的江蘇南京，「織造」是當時的財政稅賦要職，可以說是一個內務府的肥缺，除了要負責為宮廷置辦各種御用物品之外，還要充當皇上耳目，訪察江南吏治民情。

祖父曹寅做過康熙皇帝的伴讀，與皇上的感情自然不同一般。後來曹寅的兩個女兒都被選為王妃，康熙六次南巡，有五次都是住在曹家，曹家與皇室關係之密切及權勢之顯赫，也就不難想見了。

曹寅在任江寧織造的時候，兼任過四次兩淮巡鹽御史，曹寅還是當時的「名士」，能寫詩、詞、戲曲，也是有名的藏書家，著名的《全唐詩》就是由他所主持刻印的。可以說曹家有好長一段時間都是江南的名門望族，這樣的家庭背景對於曹雪芹兒時的文學修養以及文學才能的培育，勢必產生了直接正面的作用。

曹家的命運在雍正五年（西元1727年）發生了巨大的變化。在那一年，

由於清朝宮廷內部的政治鬥爭異常激烈，曹雪芹的父親受到株連，被朝廷治罪，不僅官丟了，家產也被抄沒，從此曹家家道中落，一蹶不振。這一年，曹雪芹還只是一個正要成長為少年的孩子。

曹雪芹大約在十三歲的時候，隨家人遷居北京，開始過著生計困難的清貧生活。他曾經在一家學堂當過掌管文墨的雜差，晚年（其實年紀也沒多大）移居北京西郊，生活更加窮苦。大約在西元一七六四年，由於幼子夭亡，使他大受打擊，在這一年的除夕就因貧病交加而與世長辭。他的過世，不管是對他本人或是對這個世界而言，最大的遺憾就是他的《紅樓夢》還沒有完成！

《紅樓夢》原名《石頭記》，在乾隆十九年（西元1754年）以前，《紅樓夢》的初稿就已完成，以八十回抄本的形式在社會上流傳，並且還有脂硯齋、畸笏叟等人的評本。為了《紅樓夢》，曹雪芹嘔心瀝血，在西元

一七六四年的時候，據說他已經「批閱十載，增刪五次」（意思就是說為了追求完美而反覆修改），但是就在這一年，曹雪芹就過世了，來不及完成。

儘管曹雪芹對全書已經有了一個完整的構思，但是由於他的過世，我們現在看到的一百二十回本，後面的四十回是由高鶚所續。高鶚，字蘭墅，是乾隆末年的進士，曾任內閣侍讀等職。儘管很多評論家認為，由於高鶚與曹

雪芹真實的人生境遇差別太大，高鶚所續寫的部分其實很失曹雪芹的本意，但是也有不少評論者認為，高鶚的續寫畢竟使《紅樓夢》的故事比較完整，藝術上的成就也不錯，對於《紅樓夢》的普及還是有很大的貢獻，否則《紅樓夢》如果始終只是以八十回殘本面世，時間一長，恐怕沒有辦法像現在流傳得那麼廣。

《紅樓夢》以林黛玉、賈寶玉、薛寶釵的戀愛婚姻悲劇為中心，寫出了當時具有代表性的賈、史、王、薛四大家族的興衰，其中又以賈府為中心揭露了封建社會的種種黑暗和罪惡，以及封建社會本身所具有的不可克服的內在矛盾，同時也顯示出封建社會必然走向覆滅的命運。從曹雪芹本人的真實經歷，不難想像他對於這樣的主題一定有著非常深刻的感觸，因而很多人都推崇說，從來沒有一部作品能夠像《紅樓夢》這樣，把愛情悲劇的社會根源分析討論得如此全面而深刻。

《紅樓夢》也對中國古典小說的敘事藝術做了前所未有的開拓。比方說，曹雪芹改變了傳統小說的敘事角度，深化了人物的心理描寫，強化了人物的語言個性等等，都是非常出色成功的嘗試。

《紅樓夢》對中國文學的發展有著巨大的歷史貢獻，曹雪芹也因為這本書的成就，成為中國文學史上一位偉大的現實主義作家。

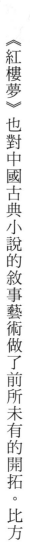

第94個

林則徐虎門銷煙

嘉慶皇帝在位二十一年之後辭世，西元一八二○年，三十八歲的清宣宗即位，這就是道光皇帝。

道光皇帝非常認真，也非常節儉，他有心想要有一番作為，但是才智平庸，又正處於歷史轉折的關鍵時期，再加上中國閉關自守已有好長一段時間，很多問題對他來說都非常嚴重，但是他都非常陌生。在道光皇帝任內，中國簽訂了近代史上第一個不平等條約——「中英江

寧條約」，也就是後人所說的「南京條約」，但其實道光皇帝根本就不清楚英國人到底來自何方。

之所以會簽訂這個條約，是因為中國在「第一次鴉片戰爭」中慘敗。

鴉片，俗稱「大煙」，是用罌粟汁熬製而成的一種麻醉毒品，吸食者很容易上癮，而如果長期吸食還會導致身體萎頓，精神萎靡。早在清初，鴉片就已隨其他商品一起輸入中國，英國是最大的鴉片貿易販子，新興的國家美國次之（美國是在西元1776年獨立的，當時是乾隆年間），而俄國也從中亞向中國北方輸入鴉片。

鴉片的大量輸入，對於中國的危害非常巨大。首先，中國的白銀大量外流，清政府在對外貿易中開始處於逆差地位，造成國庫空虛，財政拮据，而且百姓的精神和身體都受到很大的傷害，生產力大大降低，連帶也造成了百業蕭條。而為了便於做生意，很多鴉片販子還會大量行賄官員，使得清政府的吏治更加腐敗。

從西元一八三六至一八三八年，針對鴉片問題，在朝廷中引起了激烈的爭論。有的官員認為應該承認鴉片為合法的貿易商品，這樣政府可以藉此增加稅收，彌補財政上的困難；但是另外一派官員則認為此舉無異是飲鴆止渴，鴉片對百姓、對國家的荼毒已經很深，必須立刻加以禁絕，並且對於那些外國侵略者要迎頭痛擊。在爭論中，禁煙派的官員義正辭嚴，逐漸占了上風，贏得了道光皇帝的支持，朝廷遂開始了禁煙運動。

在這場禁煙運動中，有一個非常重要的角色，那就是林則徐（西元1785-1850年）。

林則徐是福建侯官（今福建福州）人。福州是一個比較早受到西方殖民主義侵擾的對外貿易港口。林則徐出身於知識份子家庭，年少時家境不好，曾一度過著負債缺糧的生活。他在十九歲那年中舉，中舉之後，曾經幾次因為家庭經濟困難而出外謀生，先後在閔縣、廈門當過衙門的文書，也在家鄉當過私塾老師，林則徐的經歷使他比較接近民眾，也比較了解民情，對於鴉片的禍害，感受也比較深。

西元一八三八年，從七月到九月，林則徐三次復奏道光皇帝，指出如果不禁煙，長此以往，數十年後，「中原幾無可以禦敵之兵，且無可以充餉之銀」（就是說既沒有兵可以打仗，沒有辦法抵抗外敵，而且國家也會窮得不得了）。林則徐的話堅定了道光皇帝要嚴禁鴉片的決心。

道光皇帝召林則徐進京，而且在八天之內連續召見他八次，聽取林則徐對於如何禁煙的意見，然後授林則徐為欽差大臣，加兵部尚書銜，前往廣東禁煙。

之前其實朝廷也曾多次禁煙，第一道禁煙令是在雍正七年（西元1729年）所頒發的，從乾隆一直到道光的六十多年間，上自朝廷下至督撫衙門，先後發布過四十五道禁止販運和吸食鴉片的文告，但是由於吏治腐敗，之前的禁煙都沒有什麼效果，可是這一次，林則徐有著鋼鐵一般「非禁不可」的意志。

西元一八三九年一月，林則徐離開北京，抵達廣州之後，一方面雷厲風行，一方面廣州人民也很主動配合，從四月到五月下旬，一共收繳了兩萬多箱鴉片。六月三日，林則徐命人在虎門建造了一個銷煙池，把收繳來的鴉片全部銷毀。

這也就是「六月三日禁煙節」的由來。然而，一年後，即一八四〇年六月，英國竟因此發動了侵略戰爭，這就是「第一次鴉片戰爭」。

戰爭結果，英軍很快的就占領了廣州、廈門、定海、鎮海、寧波等城市，直抵南京城下。道光皇帝沒有辦法，只得急急忙忙命耆（奇）英、伊里布迅火速趕往南京去議和。

這場戰爭等於是以武力強行敲開了中國的大門，從此古老的中國在西方列強的侵略之下，社會陷入了半殖民、半封建的深淵。西元一八四二年訂立的「南京條約」，更是中國近代史上第一個喪權辱國的不平等條約。翌年又先後訂立了中英「五口通商章程」和「五口通商附黏善後條款」（又稱「虎門條約」），作為對「南京條約」的補充。透過這一連串的條約，英國從中國搶到了許多特權，包括協定關稅、領事裁判權、片面最惠國待遇等，規定中國開放廣州、廈門、福州、寧波和上海五地為通商口岸，香港也被迫割讓，從此淪為英國的殖民地。此外，清廷還得付出兩千一百萬兩的鉅額賠款（戰爭期間支出的戰爭費用則是七千萬兩）。

清王朝的國庫本來就已經相當拮据，這麼一來國家財政更是瀕於崩潰。道光皇帝本人非常節省，甚至規定御膳房每餐只准做四道菜（以往至少都是二十幾道菜），如今竟然要賠償那麼多銀子，實在不難想像他的心情會有多麼憤慨。

西元一八五〇年，道光皇帝帶著滿腔的哀怨與世長辭，享年六十八歲。同年年底，林則徐也死在廣東潮州，據說是被人下毒致死。據傳有些洋商看林則徐那麼積極亡羊補牢，了解外國國情（例如林則徐認為要戰勝敵人，首先應該設法了解敵人，因此組織翻譯英國人慕瑞所著的《世界地理大全》，把它編成《四洲志》，這是中國近代第一部介紹西方地理知識的專著），更害怕林則徐說不定哪天又來燒他們的鴉片，於是以重金賄賂他的廚師，在他的食物中下毒，導致林則徐死亡，享年六十五歲。

第95個

太平天國的起落

在第一次鴉片戰爭之後，為了償還鉅額賠款，彌補虧空，清政府加重了對百姓的壓榨，等於是把國庫負擔硬生生的轉嫁到百姓頭上，造成民怨沸騰，社會對立的情況

也益發嚴重。道光皇帝是在「南京條約」簽訂八年之後病逝的，在他辭世之前，西南邊陲發生民眾造反事件時有所聞，雖然心知肚明百姓的造反其實情有可原，但是他也管不了那麼多了。

西元一八五〇年，道光皇帝過世以後，年僅二十歲的文宗即位，這就是咸豐皇帝。

這個時候的清王朝是一片混亂，財政匱乏，民不聊生，年輕的咸豐皇帝即位之後，立即著手整頓吏治，想要中興清朝。他罷免了軍機大臣穆張阿，處死了大學士耆英，令朝野為之震撼；同時提拔了一批他認為有才能的人，然而這些人沒過多久竟然也走上專橫爭權的老路，其中以肅順最為典型。

咸豐皇帝忙著整頓吏治，對於時有發生的零星且小規模的百姓造反事件沒有在意，結果就在他登基剛滿十個月的時候（即西元1850年12月10日這一天），洪秀全等人在廣西起義。咸豐皇帝年輕氣盛，聞訊大怒，馬上派兵前去鎮壓。但是，令他沒有想到的是，清軍雖然人數眾多，居然打不過那些農民，連吃了兩次敗仗。緊接著，翌年（西元1851年）一月十一日，洪秀全在金田村宣布起義，建號「太平天國」。中國歷史上規模最大的一次百姓造反、前後歷時十四年、勢力擴展到十七省的「太平天國」運動就此正式爆發。

洪秀全是何許人也？他出生在廣東花縣的一個農民家庭，幼年曾經入私塾讀書，聰敏勤奮，後來雖然因為家貧不得不中止學習，但還是努力自修，並且積極參加科舉考試，顯然跟一般讀書人一樣，希望藉由科舉考試出人頭地，改變命運，擺脫貧困。他參加過四次科舉考試，卻都落榜了。

後來在廣州的時候，洪秀全無意間得到一本叫作《勸世良言》的小冊子，那是基督教徒拿來傳道用的，但是洪秀全在讀過之後，對於小冊子中所描繪的人人平等的大同世界十分嚮往，從此便開始信奉上帝，並與馮雲山一起來到廣西傳教，宣傳拜上帝的思想。經過三年多的努力，他們在廣西紫荊山地區發展出兩千多名信徒，正式建立了「拜上帝會」。後來成為太平軍領袖的韋昌輝、石達開、楊秀清、蕭朝貴也都在這一個階段相繼加入了「拜上帝會」。

太平天國起義以後，洪秀全頒布〈天命詔旨書〉作為太平軍的軍令，起義之後兩個月，洪秀全就自稱「天王」。起義八個月，他們就攻下了永安城，然後太平軍就在此進行建制，並且頒布封王詔令，封楊秀清為東王、蕭朝貴為西王、馮雲山為南王、韋昌輝為北王、石達開為翼王，同時也清楚規定了諸王之間的臣屬，史稱「永安建制」。

起義之後僅僅一年三個月，太平軍離開廣西進入湖南，就已明確高呼要推翻大清王朝，所到之處都受到熱烈響應。

起義之後兩年兩個月，太平軍就攻克南京，並將其改為「天京」，正式定都，正式建立了政權，並且趁勝東進，攻下了鎮江、揚州等地，建立起一條統一的防禦體系，也正式結束起義以來流動作戰的局面。

太平軍發展得如此迅速，令咸豐皇帝飽受威脅，壓力沉重。在連嘗敗績之後，他終於意識到想要靠八旗軍來打敗太平軍是不行的。於是，咸豐接受了大臣的建議，重新再辦團練。這一個措施，在日後被證明是明智的決定，因為在日後鎮壓太平軍的過程中，團練發揮了關鍵作用，其中最著名的就是曾國藩所帶領的湘軍。不過，即使如此，曾國藩由於漢人身分，還是沒有馬上受到重用。

長久以來，可以說自滿清入關以來，清朝的統治者在用漢人的同時，就一直防著漢人。所以，為了防堵太平軍北上，清廷在南京附近建立了江南大營和江北大營，仍然由八旗兵組成，早期咸豐皇帝也比較指望這兩個大營，但直到後來江北、江南大營先後被太平軍摧毀，而湘軍的戰鬥力反而不斷提升的情況下，咸豐才終於任命曾國藩為兩江總督兼欽差大臣，督辦江南軍務，大江南北的水路各軍也都歸曾國藩節制。

咸豐皇帝在位十一年，於西元一八六一年去世，得年僅三十歲，他至死都沒看到太平軍被平定。一度對清王朝造成極大威脅的太平軍，後來因為內鬨，再加上策略錯誤，逐漸露出敗象。西元一八六一年九月（咸豐去世之後兩個月，當時同治皇帝已經在位），安慶失守，天京告急。西元一八六四年六月，洪秀全病逝後，僅僅一個月，

天京就告陷落，太平天國運動至此宣告徹底失敗。

此外，就在咸豐為了鎮壓太平軍而焦頭爛額的時候，西元一八五六年，英國還以「亞羅號事件」為藉口侵犯廣州，與此同時，法國也隨便找了一個理由跟進，一起向中國挑起戰端，西元一八五六年，「第二次鴉片戰爭」（就是英法聯軍）爆發。在這次的戰爭之中，著名的皇家園林——圓明園（花了一百五十年才精雕細琢完成，後來在西元1900年，八國聯軍侵略中國時，圓明園再次遭受劫難，此次遺址被徹底破壞殆盡。）不僅遭到洗劫，還被這些侵略者放了無情的大火燒掉。

「第二次鴉片戰爭」結束兩年以後，清朝又簽訂了「天津條約」。

年紀輕輕的咸豐皇帝，就在這樣一連串內憂外患的打擊之下，終日憂心忡忡，鬱鬱寡歡，甚至後來乾脆沉迷酒色，藉此麻痺自己，終至把自己的身體給弄垮了。

第96個

晚清無冕女皇——慈禧太后

「冕」是帝王所戴的王冠，「無冕女皇」就是沒有戴王冠的女皇。很多人喜歡把慈禧太后和武則天相提並論，就是因為慈禧太后的頭上雖然沒有戴上像武則天一樣的王冠，但實際上她就是一個女皇，並且實際掌權長達四十八年之久，幾乎是半個

世紀；可是，後人對於武則天的評價至少還是有功有過，對於慈禧則大抵都是「禍國殃民」，在她的掌權之下，不但晚清的專制體制更加腐朽，中國也蒙受更多的災難和屈辱。

慈禧（西元1835-1908年），姓葉赫那拉，二十一歲時生了載淳，這讓渴望有個兒子的咸豐皇帝十分高興，葉赫那拉氏也因母以子貴，被封為懿貴妃，在載淳繼位之後，她被尊為慈禧太后。慈禧是一個權力欲很重的人，咸豐在位時，曾經幫咸豐皇帝批閱奏摺，一方面獲得很好的學習機會，一方面或許是因此愛上批閱奏摺（大概是覺得擁有權力批閱實在是太過癮了吧）。

咸豐末年，以肅順、載垣、端華為代表的權貴勢力，誘導咸豐縱情於聲色，好讓他們可以一手遮天，這讓當時的懿貴妃非常不滿，她之所以不滿，並不是因為看到丈夫老是跟其他女人在一起，而是眼看大權旁落，她就不能再幫忙批閱奏摺了。

西元一八六〇年九月，當英法聯軍攻陷北京的時候，咸豐帶著后妃等人倉皇逃往熱河，留下恭親王奕訢在北京負責與聯軍議和。翌年八月，咸豐在熱河病逝，年僅六歲的皇子載淳繼位，即同治皇帝。這一年，升格為慈禧太后的葉赫那拉氏其實才二十六歲，可是為了緊緊抓住權力，她一手導演了「辛酉政變」。

按照清朝家法，太后可以垂詢國事，就是所謂的「聽政」。原本咸豐的遺命是要肅順等八人為襄贊政務大臣，總攝朝政，輔佐幼帝，可是慈禧卻慫恿東宮慈安太后改由她們倆垂簾聽政。（慈禧住在西宮，所以後來一般也都叫她「西太后」）慈安太后不懂朝政，一切都聽慈禧的安排。於是慈禧先把恭親王奕訢密召至熱河，拉攏奕訢一起密謀政變。

奕訢是咸豐的弟弟，年齡和咸豐相近，小時候兩人經常玩在一起，當年道光皇帝還一度考慮過要傳位給他。咸豐一即位，就任命恭親王奕訢為軍機大臣，但是由於奕訢頗有些恃才傲物，而且可能對於自己沒能當上皇帝還是不大服氣，再加上一些小事溝通不良，使得咸豐逐漸失去對奕訢原有的信任，對奕訢也逐漸冷淡，後來甚至連臨終前指定八個輔政大臣的時候，都把奕訢排除在外。奕訢對於肅順等人的專橫同樣感到很不滿，慈禧找他一起共商計策，簡直就是一拍即合。

西元一八六一年，政變成功，這一年是辛酉年，所以史稱「辛酉政變」。肅順被斬首，其他七個輔政大臣有的自盡，有的被革職流放。從此，兩個皇太后一起垂簾聽政，但是實權當然是只掌握在慈禧一個人手裡。

聽政之初，正是太平天國如火如荼席捲了半個中國的時候，為了穩固清王朝的統治，為了鎮壓太平天國，慈禧對內重用曾國藩、李鴻章、左宗棠等漢將，對外向侵略者屈膝讓步，花了三年的時間徹底鎮壓了太平天國。

由於太平天國的衝擊，加上還有奕訢和慈安太后，慈禧一開始還不能為

所欲為，甚至還不得不採取整頓吏治、罷免貪官汙吏等措施，造成短暫的「同治中興」。可是慈禧其實哪裡想要做這些於國於民有利的舉措，她真正想要的是鐵腕獨裁。等消滅了太平天國，內憂消除，她就開始一步一步往自己真正的目標邁進。

慈禧先藉侍讀學士蔡壽祺參核奕訢「徇情、貪墨、驕盈、攬權」的時機，罷免了奕訢議政王之職，讓奕訢沒有辦法控制軍機處，這麼一來自然也就沒有辦法參與軍國大政，接著又毒死了慈安太后，從此，慈禧獨掌朝政。

當年西漢初年呂太后和唐朝武則天在統治的時候，都是重用外戚，可是慈禧卻是重用太監，先是安德海，後是李蓮英，他們仗著西太后在背後撐腰，權勢顯赫，左右朝政，不僅開大清先例，更是造成晚清朝政黑暗的重要原因之一。

慈禧一心沉迷於獨裁掌權的快感，甚至對自己的親生兒子同治皇帝也漠

不關心，她只關心兒子聽不聽話，完全把兒子當成了傀儡。同治皇帝相當短命，短短十九年的人生雖然有十四年在位，但是一直被慈禧所挾持，即使後來表面上可以親政了，也毫無作為，親政兩年後，同治就病死了。

同治在病重之際，為了避免後繼者重蹈自己的悲劇，曾經口授遺詔給軍機大臣李鴻章，說由於他自己膝下無子，要求找一個年齡稍大的人來繼承皇位，不料李鴻章竟將同治的遺詔馬上轉呈給西太后，西太后看了，氣得臉色發青，大發雷霆，當場就把這封遺詔給撕了。

後來，慈禧偏偏找來一個年僅四歲的小皇帝，是她妹妹的兒子，這就是光緒皇帝，因為只有這樣，她才可以第二次垂簾聽政。

隨著光緒皇帝漸漸長大，特別是在光緒親政之後，光緒與慈禧在權力問題上當然就產生了矛盾。光緒想要擺脫慈禧的控制，力圖振作，卻勢單力孤，再加上萬萬想不到會被袁世凱出賣，竟落得一個被慈禧軟禁在四面環水

的瀛台的下場，鬱鬱寡歡的度過十年的歲月後，終於一病不起，得年三十八歲。

慈禧接著立年僅三歲的溥儀即位，這就是清朝的末代皇帝宣統。慈禧本想故技重施，利用輔佐幼主的藉口第三度垂簾聽政，不料就在光緒皇帝去世的第二天，她也死了，終於結束了她弄權荒唐的一生，享年七十三歲。

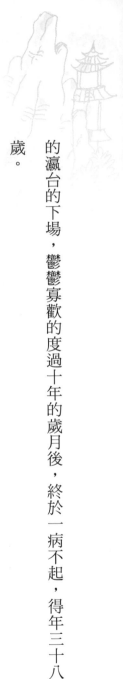

第97個

推動洋務的關鍵人物——李鴻章

李鴻章（西元1823-1901年），字少荃，安徽合肥市人。是中國近代史上一個具有重大影響的人物。

他的父親是道光年間的進士，官至郎中。李鴻章從小勤奮向學，二十歲那年，隨父親住到京師，曾受業於曾國藩的門下，為曾國藩所器重。翌年中安徽鄉榜，三年後也就是他二十四歲那年中進士，改翰林院庶吉士。

太平天國正式爆發那一年，李鴻章二十八歲。兩年之後，奉命隨呂賢基回籍練鄉勇，隨後入曾國藩幕府，在曾國藩的支持下，開始負責編練淮軍，轉戰各地，鎮壓太平軍和捻軍。李鴻章就是這樣起家的。

隨著鎮壓行動，李鴻章逐漸成為淮軍軍閥。後來他歷任江蘇巡撫、兩江總督。西元一八七〇年（同治九年），繼曾國藩任直隸總督，兼北洋大臣，從此掌握清朝後期政治、經濟、軍事和外交大權長達二十幾年，可以說是晚清最有實權的人物。

李鴻章享年七十八歲。他所處的是一個風雨飄搖、極端腐敗的大清王朝後期，在他的政治生涯中，前期只不過是曾國藩的左右手，但是後期卻主宰著中國的政局，關於他的功過，後世評價不一，對他批評最多的是他多次被任命為欽差大臣，負責全權與英、法、俄、日等帝國議和，在他手上簽訂了不少喪權辱國的不平等條約。譬如在西元一八九五年四月，就是李鴻章與日方伊藤博文簽訂了「馬關條約」，即使促成「甲午戰爭」結束，但是「馬關條約」卻是「南京條約」簽訂以來最嚴重的不平等條約，台灣就是在這個條約中被割讓給日本。

基本上，說李鴻章是一個功過參半的人物，應該還是比較中肯。他對歷史的重大影響，主要是集中在兩件大事上，除了外交，就是辦洋務。

我們不妨看看李鴻章在辦洋務這方面的工作。所謂「洋務」，在當時也被稱為「夷務」（顯然當時很多人還以為清朝就像唐朝那樣是「天朝」，那些不知道是從哪裡跑來的洋鬼子全是來自於蠻夷之邦），泛指通商、傳教、外交等一切與西方資本主義有關的事務。十九世紀從六〇年代一直到九〇年代，一批具有買辦性質的官僚軍閥為挽救大清王朝的危機，以富國強兵為目的展開了一系列自救運動，史稱「洋務運動」。

這些「洋務派」，一開始在中央是以總理大臣奕訢、侍郎文祥等為代

表，在地方上則以曾國藩、李鴻章、左宗棠、張之洞等人為代表。在辛酉政變以後，他們掌握了實權，可以左右清朝的政局。洋務派認為，中國的政治制度比西方要好得多，只不過是武器比不上西方，所以只要清朝能夠擁有西方的武器等軍事裝備，國家自然就可以強盛起來，所以他們的中心思想是「中學為體，西學為用」。

李鴻章之所以能成為洋務運動中的領袖級人物，有著天時和地利的因素。當他在練淮軍的時候就在長江下游，因而以地利之便進駐上海，處於與西洋接觸的有利位置，因為能夠審時度勢，所以在一嗅到洋務運動即將開展的時候，立刻就能把握機會，跟上潮流。

李鴻章所辦的主要洋務有：

製造武器和練兵

李鴻章下令淮軍都要習洋操、用洋槍，聘洋人做教練，希望提高淮軍的戰鬥力（就跟現在國內球隊喜歡聘請外國教練一樣）。

在上海設立三所「西洋炮局」，其中一所是由英人馬格里主持，照料鐵爐和機器的人主要也都是外國人（即所謂「洋匠」），中國工匠只是聽令幫忙；一所炮局是由他的副將韓殿甲所主持；還有一所是由丁日昌主持，局內全是中國工匠（顯然是自我研發部門）。

西元一八六五年（同治四年），李鴻章

在虹口購買一座洋人機器廠，專門用來修造大小輪船以及洋槍等等，稱為「江南製造總局」。

西元一八六七年（同治六年），曾國藩、李鴻章奏准在上海城南購地七十餘畝，興建新廠。同年七月，中國自製的第一艘輪船竣工，命名為「恬吉輪」。

製造局附設「譯書局」，聘請英、美人士翻譯外國書籍。截至光緒初年，譯書總數接近百種，其中自然科學類占了四十七種。

擴大「天津機器局」，用機器來製造洋槍、炮架、各種水雷等等，並兼造大小輪船。

在大沽口籌設洋式炮台，加強防務。

成立方言館，派遣留學生

西元一八六三年（同治二年），李鴻章奏請在上海成立外國語學館，挑選上海、廣州近郡十四歲以下天資聰穎的兒童入學，聘請洋人執教。

西元一八七二年（同治十一年），李鴻章奏請以陳蘭彬和容閎擔任留學生正副監督，帶幼童出洋留學。至西元一八七五年（光緒元年），已經有四批留美學童陸續出國，後來學成回國的傑出人才有詹天佑、唐紹儀、梁敦彥等人。

派留學生赴英國學習水師作戰，以及到法國學習製造和駕駛。

此外，李鴻章於西元一八七七（光緒三年），奏准開採灤州開平煤礦；西元一八七九（光緒五年），開始在大沽北塘海口諸炮台間架設電線，以通天津，然後在全國推廣，成立電報局；西元一八八一年（光緒六年），奏准

自唐山煤井到胥各莊修建鐵路二十里，以供運煤之需，這是中國自築鐵路的開始。關於洋務，李鴻章操辦的事務還真不少，說他是同治、光緒年間推展洋務的關鍵人物，一點也不為過。

尤其是在西元一八七九年（光緒五年），當他看到日本併吞琉球以後，感到海防之事實在非常重要，同年七月，就在天津設立水師學堂，任嚴復為總教練；稍後又築旅順軍港，以丁汝昌統率北洋海軍；西元一八八七年（光緒十三年），又經營大連灣炮台，並訂購「致遠」、「靖遠」、「經遠」、「來遠」四艦及其他戰艦，然而，這些在海防方面的努力，十幾年後在「甲午戰爭」中慘敗，全部化成泡影。

第98個

戊戌變法

光緒皇帝在四歲的時候就離開自己的親生父母，進入宮中，被迫把慈禧視為唯一的母親。在宮中的日子，光緒皇帝幾乎沒有人身自由，只能把全部的心思都投入讀書中。

他有一個好老師，就是翁同龢，翁同龢當年也當過同治皇帝的老師，他對光緒這

個小皇帝十分愛護，悉心培養，隨著光緒慢慢長大，他的知識以及責任感讓他想要參政的意識愈來愈強，但是直到十九歲終於親政了，仍然只是一個招牌皇帝，所有大權仍然全部掌握在慈禧的手裡。

這種處境跟當年的同治皇帝幾乎是如出一轍，當年同治皇帝在小的時候本來也是相當聰穎好學，也很知道上進，但是由於母親慈禧的專權，才愈來愈自暴自棄。慈禧甚至連他喜歡哪個女人都要橫加干涉，同治皇帝只能賭氣獨居在乾清宮，要不就是溜出宮去尋花問柳，親政以後，由於沒有實權，同治一度把心思都放在修復圓明園的工程上。

但是，光緒皇帝不一樣的地方是，儘管明知根本沒什麼人把他放在眼裡，對於

國事還是表現得非常關心。中法戰爭爆發的時候（西元1883年），光緒只有十二歲，也急著大聲贊成張之洞等人的抗戰主張。

中日甲午戰爭爆發前夕，親政不久的光緒心急如焚，慈禧卻只關心自己的六十大壽不知道籌辦得怎麼樣，甚至還把軍餉挪用到自己大壽典禮的籌備款中，而光緒是主戰派，堅決表示應該對日抗戰，並一再催促李鴻章加緊備戰。光緒為了積極籌措軍餉，力勸慈禧停止建造頤和園，慈禧只好心不甘、情不願的答應簡化慶典的準備活動。（頤和園首建於西元1750年，正是「康乾盛世」的時候，在西元1860年第二次鴉片戰爭時被英法聯軍燒毀，慈禧重修是想作為自己晚年的頤養之地。）

不久，中日甲午戰爭爆發，戰局馬上就呈現出一面倒的局面，日軍不但很快就侵占了撫順，並且進行殘酷的屠城，將全城殺到只剩下不到四十人，又在威海衛海戰中將北洋水師全數殲滅，消息傳來，慈禧以及一大堆大臣都

大吃一驚，慈禧在飽受驚嚇之餘，立刻下令趕緊去議和，後來，光緒雖然極度不願，還不惜跟慈禧據理力爭，但最終還是無奈的在喪權辱國的「馬關條約」上簽了字。

甲午戰爭的慘敗以及「馬關條約」的簽訂，使得民族危機比以往任何時候都來的嚴重，社會上逐漸醞釀出一股氛圍，要求朝廷盡快拿出辦法，不要再使國家一直繼續遭受西方列強的欺負，這項訴求後來進一步發展成一場要求變法維新的政治運動。

這場維新運動的主要領導人是康有為（西元1858-1927年），他是廣東南海人，出身於書香門第，家境優渥，從小就接受良好的教育。他和當時大多數的文人一樣，對於朝廷的腐敗無能非常憂心，在閱讀了許多介紹西學的書籍之後，漸漸產生了想要改變現狀的革新思想。

西元一八八八年，在他三十歲那年，康有為到北京參加科舉考試，當時中法戰爭剛剛結束沒幾年，康有為第一次上書皇帝，提出「變成法，通下情，慎左右」的主張，邁出了呼籲變法的第一步。儘管這封奏摺遭到守舊派的壓制，光緒根本沒有看到，但是其中內容在當時很多愛國志士中廣為傳誦。三年後，康有為為了培養更多的變法維新之士，在家鄉廣州創辦萬木草堂，開始聚眾講學，日後同樣成為變法維新運動核心份子的梁啟超，就是在這樣的因緣之下成為康有為的學生。後來，康有為又幾次上書，並且發表著作、創辦刊物、組織民間團體，以多種方式積極傳播維新思想，在社會上引起的共鳴和回響愈來愈大。

這樣又過了四年多，甲午戰爭過後，康有為聯合了在北京參加會試的千三百餘名舉人，聯名上書光緒，明確提出變法自救的強烈主張。雖然這份上書照樣被壓了下來，但是上書內容已經在北京廣為傳抄。

其實，年輕又很想有一番作為的光緒，也一直日夜苦思，希望能夠找到一條富國強民的道路。就在這個時候，他的老師翁同龢向他介紹了康有為等人的主張。光緒在西元一八九八年年初，知道了康有為上書的內容，想要召見康有為，但是被恭親王奕訢阻止，光緒只好指派翁同龢、李鴻章等大臣接見康有為。在這之後不久，康有為第六次上書光緒，這就是那封後來非常有名的〈應詔統籌全局摺〉，繼續強調變法的急迫性，並提出具體措施。此時二十八歲的光緒，一心想要改變現狀，決心接受變法主張。

不到半年，恭親王奕訢病故，變法阻力減少，康有為立刻鼓動很多官員敦請變法，光緒接受建議，在六月十一日頒布由翁同龢草擬的〈定國是詔〉，變法運動正式開始。這一年是戊戌年，史稱「戊戌變法」。

光緒隨即發布了上百道變法詔令，包括提倡西學、裁減冗員、改用西法精練軍隊、設廠製造軍火等等。

但是，隨著變法運動的高漲，以慈禧為首的守舊派也就益發不滿。既然阻止變法不成，守舊派決定要以政變來讓光緒下台。當光緒得到情報，知道事情的嚴重性之後，趕緊讓楊銳帶出密詔，說「今朕位幾不保……朕十分焦灼」，要康有為等人設法營救。

康有為等人趕緊在一起商量對策，由於事情緊急，他們決定向袁世凱求救，請他帶兵前來救駕。

袁世凱（西元1859-1916年），在二十出頭的時候就攀上了李鴻章的淮系，並且很快就嶄露頭角。甲午戰敗之後，他眼看李鴻章失勢，便四處尋找新的靠山。在維新運動中，他有意結好維新派，不但捐銀五百兩，還加入康有為所發起的「強學會」，騙取了維新派和光緒的信任。

當譚嗣同（西元1865-1898年）來到袁府向袁世凱遊說的時候，袁世凱假意應允，不料稍後當光緒要求袁世凱部署派兵包圍頤和園時，袁世凱竟然出賣了光緒，跑去向慈禧告密，慈禧當晚深夜就怒氣衝天返駕紫禁城，光緒

頓時成了階下囚。慈禧隨即宣布「臨朝聽政」，史稱「戊戌政變」。歷時一百零三天的變法維新至此也宣告失敗，所以「戊戌變法」後來也被稱為「百日維新」。

慈禧下令抓補所有維新派以及傾向維新派的官員，康有為等人紛紛逃走（康有為在英國人的保護下潛逃香港，梁啟超在日本人的保護下逃往日本），只有譚嗣同還在到處活動，想要營救已被軟禁在瀛台的光緒皇帝。有人勸他也趕快逃走，譚嗣同說：「各國變法沒有不流血而能成功的，中國今天還沒有人為變法流過血，所以變法不能成功，國家不能昌盛，現在就讓我來開始流血吧。」

視死如歸的譚嗣同被捕之後，在獄中牆壁上題詩一首，留下了廣為傳誦的名句：「我自橫刀向天笑！」

不久，譚嗣同、康廣仁（康有為的弟弟）、劉光第、林旭、楊銳、楊深秀等六人被處死，史稱「戊戌六君子」。臨刑前，譚嗣同神情自若，毫無懼色，甚至還高呼：「有心殺賊，無力回天。死得其所，快哉！快哉！」

譚嗣同死的時候才三十三歲。他的一生雖然短暫，卻用生命實現自己的抱負，也為世人留下了《仁學》一書，這本書在中國近代哲學史上留下了不朽的一頁，書中深刻討論了封建體制，認為變法維新想要成功，不可能靠官吏，因為他們只聽命於朝廷，不可能與民眾共存亡，也不可能靠軍隊，所以唯一可以依靠的就是人民。他這種「自下而上」的革新思想，比康有為「自上而下」還要激進得多，當然也進步得多。

第99個

義和團對抗八國聯軍

隨著西方列強對中國的侵略不斷加深，人民對西方列強的敵對情緒也日益高漲。「義和團運動」就是在這樣的背景之下應運而生。

這個運動首先是在山東爆發。甲午戰爭以後，德國占領了膠州灣，強劃

山東全省作為他們的勢力範圍，外國教會也在山東迅速擴展勢力，並且縱容和包庇不法教民，因此人民對於教會的仇恨情緒愈來愈強烈。

戊戌政變結束還不到一個月，山東冠縣「義和拳」以閻書勤為首，聯合直隸威縣（今河北威縣）趙三多等人，聚眾燒毀紅桃園教堂，占領犁園屯，震動了山東、直隸兩省廣大地區。當地傳教士要求清廷嚴加鎮壓，山東巡撫張汝梅則建議朝廷不妨將義和拳改為團練，以便控制，並將「義和拳」改名為「義和團」。

由於義和團打出「扶清滅洋」的口號，很快就吸引了很多群眾自發自動的參與，許多民間團體諸如「大刀會」、「紅拳會」以及其他祕密結社的成員更是紛紛加入，義和團的聲勢因此迅速壯大。

經過了半年左右，西元一九〇〇年四月初，英、美、德、法聯合照會清政府，限令兩個月以內將義和團剿除，否則各國將出兵討伐。此後，外國軍艦便陸續朝大沽口集結，戰爭已有一觸即發之勢。五月底至六月初，各國侵略軍以保護使館為由，陸續由天津進駐北京，而且人數還愈來愈多。途中義和團雖然試圖反擊，但他們所使用的大刀、長矛、抬槍、甚至氣功，面對洋槍洋炮，無異是以卵擊石，然而他們還是浴血奮戰，竟然還幾度給聯軍造成不小的壓力。後來聯軍統帥西摩（一位英國的海軍中將）曾說，當時如果那些不要命的義和團所使用的是西式槍炮，那麼聯軍一定會全軍覆沒！

六月十七日凌晨，侵略軍開始發動進攻，清軍堅決抵抗。八國侵華戰爭，也就是俗稱的「八國聯軍」正式爆發。到了八月四日，八國聯軍的總數已經逼近二十萬人，紛紛從天京向北京進犯，包括義和團在內的許多愛國民眾沿途抵抗，但是都沒有成功。十三日，聯軍直抵北京城下，十五日慈禧攜光緒倉皇逃到西安。

八國聯軍進入北京以後，每到一處都大肆燒殺虜掠，姦淫婦女，無惡不作。多數王府遭到洗劫，頤和園裡的珍寶也被搶奪一空。現在有些國家的博物館（譬如大英博物館）裡頭所展出的中國珍寶，多數就都是在清末趁著戰亂搶奪而來的！

十二月底，列強共同提出了「議和大綱」十二條，迫使清廷無條件接受。翌年（西元1901年）九月，清朝的全權代表李鴻章等與列強正式簽訂條約，這就是「辛丑條約」。但條約剛剛簽訂不久，李鴻章就去世了。

就在簽訂「辛丑條約」這一年的年初，一向抗拒維新的清政府頒布了新政諭旨，並於四月成立督辦政務處作為新政的籌畫機構，任命奕劻、李鴻章、榮祿等六人為督辦政務處官員（李鴻章死後由袁世凱補任），後來又增派劉坤一、張之洞為參贊，推行新政。清政府此舉其實有諸多無奈之處，或

許是為了應付一下民間要求變法的呼聲，好維護自身的權威，也或許是由於清廷自己也感覺到需要做一點改變來應付新的變局，當然也或許是出於列強的要求，因為在八國聯軍之後，中國幾乎已淪為列強的殖民地，清政府儼然已淪為列強在中國的代理人。

新政實施之後，歷時五年，內容主要包括了政治、經濟、軍事以及文化教育，譬如：

◆裁撤冗員，整飭吏治。

◆興修水利，發展農業，振興商務，獎勵實業，設立了路、礦、農、工、藝

等各項公司。

◆裁汰制兵，編練新軍，停止武科考試，設立武備學堂培養將才，設巡警部辦理警政。

◆廢除科舉，獎勵西學，並多次派遣留學生出國。

新政的內容很多，但其實清廷只不過是一心敷衍，連「困獸猶鬥」、「試圖力挽狂瀾」都談不上，所以很多都是有名無實，反而增加了很多的苛捐雜稅，加重民眾的負擔，結果更激化了百姓的不滿。

此外，廢科舉、興西學，對於民主思潮的傳播產生了相當大的推動，而新軍在最初對於維護清政府的統治雖然產生一些作用，但是後來大部分的新軍力量都被革命黨人所掌握，成為日後發動革命、顛覆清政府的一股重要力量，這些恐怕都是清廷在推行新政之初所沒有想到的吧。在新政推行的十一年後，維持了近三百年的大清王朝就被推翻了。

第100個

民國建立

我們的國父——孫文（西元1866-1925年），字德明，號日新。廣東香山縣（今廣東中山）翠亨村人。村裡有一個老人，從前曾經參加過太平軍，經常給孩子們講當年太平天國的故事，孫文總

是聽得非常入迷，有一次還發出了一聲感嘆，說要是洪秀全成功就好了。和小伙伴們在玩遊戲時（類似「官兵捉強盜」的遊戲），他也總是喜歡扮演洪秀全。

西元一八九四年夏天，甲午戰爭爆發之際，時年二十八歲的孫文懷抱著滿腔熱忱上書李鴻章，失敗以後，他大概覺得清朝反正也已經是無可救藥，不像康有為上書光緒皇帝那樣一上再上，而是毅然決定要改走另外一條道路。於是他就在甲午戰爭的隆隆炮火聲中，前往檀香山，並在這一年的十一月就組織了「興中會」，號召人民「振興中華」。

興中會的入會誓詞為：「驅除韃虜，恢復中華，創立合眾政府。」這是一個已經初具雛形的民主革命綱領，具有劃時代的意義。

在接下來的十年之間，孫文和戰友發動過兩次武裝起義，都以失敗告終，但是孫文也從失敗中總結出一些寶貴的經驗教訓，進一步發展綱領，這

就是後來「三民主義」思想體系的濫殤。此外，西元一八九七年，他在日本進行革命行動時，曾化名為「中山樵」，「孫中山」的名字由此而來。

從西元一九〇二至一九〇五年，孫中山做了一次環球旅行，致力在各地宣傳革命思想，組織革命團體，不斷擴大革命的影響。年近四十的孫中山，儼然已成為公認的革命領袖。

西元一九〇五年夏天，孫中山從歐洲來到日本東京，這裡是中國留學生會聚之地，和留日革命團體的領導人黃興、宋教仁等人會晤，商議要建立一個統一的革命政黨。七月，七十幾個來自各省的革命志士齊聚東京參加政黨籌備會議。會中，孫中山發表了激勵人心的演說，闡明革命的原因，以及統一革命團體的必要性，並且提議將該團體定名為「中國革命同盟會」，後來經過反覆討論，最後定名為「中國同盟會」，簡稱「同盟會」，大會並通過以孫中山所提出的「驅除韃虜，恢復中華，創立民國，平均地權」十六字為政治綱領。同盟會的成立，是中國近代史上一件不得了的大事。

同年十一月，同盟會在東京創辦《民報》。孫中山在創刊號上發表〈發刊詞〉，把同盟會十六字綱領概括和闡發為民族、民權和民生三大主義，簡稱為「三民主義」。

接下來從西元一九〇七至一九一一年，孫中山在廣州和雲南地區領導了八次武裝起義，有的時候是依靠新軍，有的時候是依靠會黨，也有的時候是借助群眾抗爭。至此孫中山革命十次，均以失敗告終，但是他意志堅定，革命之心毫不動搖。其中廣州「辛亥年三月二十九日之役」，成為辛亥革命的前奏。（這也是「三二九青年節」的由來。）

這些起義雖然都相繼失敗，但仍然不斷衝擊著清朝的統治，也不斷擴大革命的影響，更激發全國人民的鬥志，鼓舞了更多的仁人志士投身於推翻滿清王朝的戰鬥之中。

終於，在西元一九一一年十月十日的晚上，在湖北省武昌城內新軍工程第八營的革命黨人和許多士兵，在熊秉坤的率領下，首先發難，打響了武昌起義的第一槍。經過一夜激戰，他們攻占了總督衙門，占領了武昌，武昌起義成功了！隨後革命軍又占領了漢陽和漢口，連同武昌，一口氣把武漢三鎮統統拿下。「十月十日」因此成為我們中華民國的國慶日。

同年十二月底，長期在國外領導反清革命的孫中山回到上海，旋即被推舉為臨時大總統。西元一九一二年一月一日，孫中山從上海到南京赴任，當晚宣誓就職。中華民國臨時政府成立，以西元一九一二年為民國元年。

一九一二年二月十二日，清朝的宣統皇帝溥儀在全國熊熊的革命怒潮中，被迫下了退位詔書，宣布退位。這不僅標誌著大清王朝的結束，更標誌著中國兩千多年以來的封建王朝終於結束。

臨時政府成立以後，在短短三個月內頒布了很多改革法令，推動了中國社會的進步和發展。但是，民國初立，國事如麻，紛擾從不稍歇，孫中山一心為民，鞠躬盡瘁，西元一九二五年，他抱病去北京開會，不幸於三月十二日上午九時病逝於北京。享年五十九歲。西元一九二九年，遺體葬於南京東郊紫金山，這就是中山陵，衣冠塚則是在北京香山。

國父孫中山先生的一生，是偉大的一生，更是可歌可泣的一生。他原本是醫生，可是因有感於「醫國」比「醫人」更重要，於是以驚人的毅力與勇氣投身於革命運動，直到生命的最後一刻，令他念茲在茲的仍然是革命。

「革命尚未成功，同志仍須努力。」這就是國父孫中山先生最後的遺言。

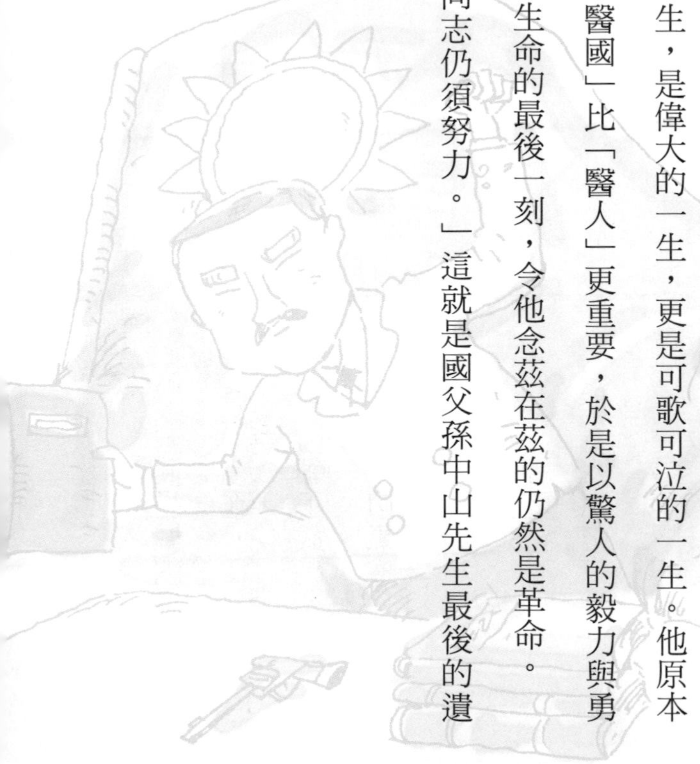

歷史故事年表

- **上古時期**
  - 西元前50世紀左右
- **華夏民族的形成**
- **夏朝的建立**
  - 西元前21世紀—16世紀
- **商**
  - 西元前1600年
  - 盤庚遷殷（西元前1300年）
- **西周**
  - 西元前1046年
  - 武王伐紂（西元前1027年）
  - 呂尚，姜姓，字子牙，也稱「姜太公」
  - 周公旦，姓姬，名旦，諡文，周文王之四子
  - 周幽王烽火戲諸侯（西元前8世紀）
- **東周**
  - 西元前770年
- **春秋**
  - 西元前770年
  - 管仲（西元前730？—645年）
  - 楚莊王（？—西元前591年）
  - 老子（西元前580？—500年）
  - 孔子（西元前551年—479年）
  - 范蠡（西元前517？—448？年）
  - 公輸般（西元前507？—444？年）
  - 晏嬰（西元前578—500年）
- **戰國**
  - 西元前475年
  - 三家分晉（西元前453年）
  - 趙武靈王（約西元前340年—295年）
  - 屈原（西元前340—280年）
  - 孫臏（？—西元前316年）
  - 張儀（？—西元前309年）
  - 長平之戰（約西元前262—260年）
- **五胡十六國**
  - 西元304年—439年
- **東晉**
  - 西元317年
  - 王羲之（西元303—361年），著有《蘭亭集序》
  - 顧愷之（約西元346—407年）
  - 田園詩人陶淵明（西元365？—427？年）
  - 淝水之戰（西元383年）
  - 數學天才祖沖之（西元429—500年）
  - 北魏孝文帝（西元467—499年）
- **南北朝**
  - 西元384年—589年
- **隋**
  - 西元581年
  - 隋文帝楊堅（西元541—604年）
  - 隋煬帝楊廣（西元569—618年）
- **唐**
  - 西元619—907年
  - 魏徵（西元580—643年）
  - 玄奘（西元600—664年）
  - 文成公主（？—西元680年）
  - 一代女皇武則天（西元624—705年）
  - 玄武門之變（西元626年）
  - 李白（西元701—762年）
  - 杜甫（西元712—770年）
  - 開元盛世（西元714—741年）
  - 安史之亂（西元755—763年）
  - 牛李黨爭（西元821—848年）
  - 黃巢之亂（西元875—884年）
- **五代十國**
  - 西元907年—960年
- **遼**
  - 西元916—1125年
- **北宋**
  - 西元960年
  - 宋太祖趙匡胤（西元927—976年）
  - 宋太祖杯酒釋兵權（西元961年）
  - 包拯（西元999—1062年）
  - 澶淵之盟（西元1004年）
  - 司馬光（西元1019—1086年）
  - 王安石變法（西元1069—1085年）
  - 蘇軾（西元1037—1101年）

秦

西元前221年
秦王政完成統一，稱始皇帝（西元前221年）
焚書坑儒（西元前213年）
陳勝揭竿起義（西元前209年）

西漢

西元前202年
西楚霸王項羽（西元前232—202年）
漢高祖劉邦（西元前206—195年）
白登山之圍（西元前200年）
文景之治（西元前179—141年）
漢武帝（西元前140—87年）
司馬遷（西元前145—86?年），著有《史記》
蘇武牧羊（西元前100—81年）
昭君出塞（西元前52年出生），西元前33年下嫁匈奴

新

西元8年
王莽篡位

東漢

西元25年
王充（西元27—97年）
張衡（西元78—139年），造侯風地動儀
蔡倫造紙（西元105年）
醫聖張仲景（約西元150—219年），著《傷寒雜病論》
黃巾之亂（西元184—185年）
董卓（西元132?—192年）
建安七子（東漢末年漢獻帝）

三國鼎立

西元220年

曹魏

西元220年
三曹（三國時期的曹操、曹植、曹丕）
竹林七賢（魏末晉初）

蜀漢

西元221年
諸葛亮（西元181—234年）
關羽（西元161—219年）

吳國

西元229年

西晉

西元265年
八王之亂（西元291—306年）
永嘉之亂（西元311年）

西夏

岳飛（西元1103—1142年）
活字印刷術（西元1041—1048年）
火藥（歷史上火藥製造的記載最早出現於唐朝中期）
西元1038—1227年

金

西元1115—1234年

南宋

西元1127年
靖康之難（西元1127年）
朱熹（西元1130—1200年）
文天祥（西元1236—1283年）

元

西元1206年
元太祖成吉思汗（西元1162—1227年）
關漢卿（約西元1220—1300年）

明

西元1368年
明太祖朱元璋（西元1328—1398年）
靖難之役（西元1399年）
王陽明（西元1472—1528年）
李時珍（西元1518—1593年）
張居正（西元1525—1582年）
戚繼光（西元1528—1587年）
徐光啟（西元1562—1633年）

清

西元1644年
康熙皇帝（西元1654—1722年）
乾隆皇帝（西元1711—1799年）
曹雪芹（西元1715?—1764?年），著有《紅樓夢》
李鴻章（西元1823—1901年）
慈禧太后（西元1835—1908年）
林則徐虎門銷煙（西元1839年）
第一次鴉片戰爭（西元1840年）
太平天國（西元1851—1864年）
戊戌變法（西元1898年）
義和團對抗八國聯軍（西元1900年）
武昌起義（西元1911年），建立民國

民國

中國民國元年（西元1912年）

國家圖書館出版品預行編目資料

100個你一定要知道的歷史故事／口管家琪文；
蔡嘉驊圖 . -- 初版. -- 台北市： 幼獅, 2011.02
冊；　公分. --（多寶槅.文藝抽屜；165-167）

ISBN 978-957-574-813-5（第1冊：平裝）--
ISBN 978-957-574-814-2（第2冊：平裝）--
ISBN 978-957-574-815-9（第3冊：平裝）

1.歷史故事
610.9　　　　　　　　99026461

・多寶槅167・文藝抽屜

100個你一定要知道的歷史故事Ⅲ

作　　者＝管家琪
繪　　圖＝蔡嘉驊
出 版 者＝幼獅文化事業股份有限公司
發 行 人＝李鍾桂
總 經 理＝王華金
總 編 輯＝林碧琪
主　　編＝林泊瑜
編　　輯＝黃淨閔
美術編輯＝李祥銘
總 公 司＝10045台北市重慶南路1段66-1號3樓
電　　話＝(02)2311-2832
傳　　真＝(02)2311-5368
郵政劃撥＝00033368

印　　刷＝燕南彩色印刷有限公司
定　　價＝280元
港　　幣＝93元
初　　版＝2011.02
六　　刷＝2019.05
書　　號＝961037

幼獅樂讀網
http://www.youth.com.tw
e-mail:customer@youth.com.tw

行政院新聞局核准登記證局版台業字第0143號

幼獅文化公司／讀者服務卡／

感謝您購買幼獅公司出版的好書！
為提升服務品質與出版更優質的圖書，敬請撥冗填寫後（免貼郵票）擲寄本公司，或傳真（傳真電話02-23115368），我們將參考您的意見、分享您的觀點，出版更多的好書。並不定期提供您相關書訊、活動、特惠專案等。謝謝！

基本資料

姓名：……………………先生／小姐

婚姻狀況：□已婚 □未婚　職業：□學生 □公教 □上班族 □家管 □其他

出生：民國……年……月……日

電話：（公）……（宅）……（手機）……

e-mail：……

聯絡地址：……

1.您所購買的書名：**100個你一定要知道的歷史故事III**

2.您通常以何種方式購書?（可複選）：□1.書店買書 □2.網路購書 □3.傳真訂購 □4.郵局劃撥 □5.幼獅門市 □6.團體訂購 □7.其他

3.您是否曾買過幼獅其他出版品：□是，□1.圖書 □2.幼獅文藝 □3.幼獅少年 □否

4.您從何處得知本書訊息：（可複選）□1.師長介紹 □2.朋友介紹 □3.幼獅少年雜誌 □4.幼獅文藝雜誌 □5.報章雜誌書評介紹……報 □6.DM傳單、海報 □7.書店 □8.廣播(　　) □9.電子報、edm □10.其他……

5.您喜歡本書的原因：□1.作者 □2.書名 □3.內容 □4.封面設計 □5.其他

6.您不喜歡本書的原因：□1.作者 □2.書名 □3.內容 □4.封面設計 □5.其他

7.您希望得知的出版訊息：□1.青少年讀物 □2.兒童讀物 □3.親子叢書 □4.教師充電系列 □5.其他

8.您覺得本書的價格：□1.偏高 □2.合理 □3.偏低

9.讀完本書後您覺得：□1.很有收穫 □2.有收穫 □3.收穫不多 □4.沒收穫

10.敬請推薦親友，共同加入我們的閱讀計畫，我們將適時寄送相關書訊，以豐富書香與心靈的空間：

(1)姓名……e-mail……電話……
(2)姓名……e-mail……電話……
(3)姓名……e-mail……電話……

11.您對本書或本公司的建議：

廣 告 回 信
台北郵局登記證
台北廣字第942號

請直接投郵　免貼郵票

10045　台北市重慶南路一段66-1號3樓

幼獅文化事業股份有限公司 收

請沿虛線對折寄回

客服專線：02-23112832分機208　　傳真：02-23115368

e-mail：customer@youth.com.tw

幼獅樂讀網http://www.youth.com.tw